嬉 生活
066

手帳控的 關西小旅行

蒐集姬路、神戶、奈良、大阪、京都……
共九個關西山陽城市的圖樣，
邊走邊貼，讓旅途記憶在手帳中重生。

手帳達人 **疊攝** 著

高寶書版集團

前言

從有記憶以來，我就是一個小小哈日族

從小時候看日本卡通、美少女戰士開始的年代，到國中時期
著迷早安少女組和傑尼斯家族，上課偷看少女少年漫畫的高
中時期，還有一直以來喜歡的日劇和電影，我的生活不知不
覺已經被日本文化深深的滲透。愛上旅行之後，我的旅行目
的地之一，當然也少不了日本。

這幾年去了好幾個國家，像是是歐洲或是鄰近的東南亞，我
也超熱愛歐洲的文化和風格，不過每次有人問說：「會讓你
想要一去再去的國家是哪裡？」我總是會脫口而出回答──日
本啊！

這一趟關西小旅行，除了大家比較熟悉的尾道、倉敷、姬路、飛驒高山、大阪、京都、奈良、和歌山等關西城市，我還跑了遠一點的廣島，範圍超出關西，擴展至山陽地區。由於區域較遠，更要慎重確認這些地點的可行性。

我的習慣是在擬定行程後，先上網搜尋關鍵字「必去」、「必看」、「必吃」文章，排出自己的興趣排行榜，接著，就是努力爬文，由於網路上推薦的不一定是自己喜歡的，所以就依自己喜愛的目標去計畫吧！

對我來說，除了著名景點外，最大的吸引力是美食與各地的特色小店。除了著名的背包客棧、PTT 的日本旅遊板外，還推薦關西旅遊之神「小氣少年」，以及日本旅遊達人「林氏璧」網誌，都是我常會去的地方。

遇到時間比較長的旅行，資料也會比較多。這時候手帳就派上大用場囉！為了不讓自己忘記，可以將搜尋到的資料直接列印下來貼在手帳中，方便查看。當然還有不可缺少手帳控專用配套！從用得最順手的工具、愛用品牌到相機配備，有了這些，加上沿途所收集的票根、印戳、小紙張，才能生出一本超強旅遊手帳。

Pentax K-5
單眼相機

Mark's
點點剪刀

韓國
mini journey
護照套

Traveler's Notebook
筆記本＋皮套，手帳上的
名字是自己用鋼印打上去
的哦～

MT 紙膠帶

小町紙膠帶

陪了我2年多
的愛用筆
(超好寫!)

這本書嘛,不會是什麼可以讓你查詢地圖的強大工具書,不過因為我硬是去了一些稍微冷門的小城鎮,雖然遇不太到觀光客,但卻碰到更多溫暖而友善的人們。有意外,也有許多有趣的小插曲,我更是天天都記下自己的旅途紀錄,和畫下一些小插畫。

希望這本書能讓你想要記下旅行的點滴。也希望能使你忍不住想刷張機票,馬上動身前往日本(我一邊寫也一邊心癢難耐好想買機票啊!),或是回想到你曾經造訪過的片刻回憶。

最希望可以讓你身歷其境,就像跟我去了一趟充實又快樂的日本之旅一樣。

DESTINATION
LOVE IT!
GO!

INDEX

日本山陽關西之旅。
旅行城市：廣島、岡山、姬路、神戶、奈良、大阪、京都、尾道。

5 旅途中的行進

省荷包的機酒自由行

4 來到這裡必看必做必去

大阪迷人夜生活

說什麼都要試試看

日本的各種交通方式

結語……

附錄：REIKO'S JOURNAL

巷弄中的美麗與小店

獨立風格的迷人小店

漫步京都書店惠文社

大阪中崎町街頭散步

雜貨迷必訪的倉敷意匠

逛了就出不來的文具店

挑戰文具控理智極限的 Loft

LESSON1 紙膠帶情迷

獨立風格的迷人小店

漫步京都書店惠文社

一向喜歡逛書店和文具店的我，來到日本，當然也會想要把這裡大大小小的店面都用雙腳走遍！

在氣質不凡的京都，更是有著各式各樣不同風格的小店，其中，最吸引我的，就是惠文社一乘寺店。

每次出國旅行，都禁不住在書店中流連許久。來到日本，即使自己日文程度不佳，但是依舊不自覺地想要進去逛，一逛可能就是一個下午。就算看不懂日文，日本書籍的種類總是豐富得讓人目不暇給，店內的陳設更是讓人覺得舒適又整齊。而在惠文社，雖然沒有大型書局的氣派，但卻拉近了書本、紙張和閱讀者的距離。

雖然門口寫著禁止攝影，但裡面其實是可以拍照的，不過必須得到店員的同意。飄著白雪的下午，很多人在惠文社裡頭躲避外面寒冷的低溫，所以人有點多，我們就有點不好意思拍了。

惠文社的窗戶上寫著
"something for life"
不只是書店，也是生活的一部分

路邊的小店
都很多自己的特色！

惠文社的外觀其實相當低調，用紅磚圍成的外牆，門口放了幾把小小的木椅，但是上頭的手繪招牌，低調的可愛感，就是惠文社獨特的風格。

店裡面的書籍按照種類整齊排放，但也有許多店員推薦的區塊，擺出小小的紙卡，手寫出他們真心喜愛的書籍，比起一般書店的「暢銷書」專區，惠文社這樣簡單而直接的寫法，似乎比印刷字卡來得更真摯，更能讓人感受到書籍的溫暖。

除此之外，惠文社也有一塊文具專屬的區塊。有著來自不同設計師的少見明信片，還有各式各樣的實用文具，有一些則是整齊的擺放在木櫃上，像是藝術品一樣美麗。也有一些日系雜貨，還有昭和時代的舊雜誌和古書，它們也成為惠文社的一分子，就連角落擺放的 DM 都好美。

店裡頭的暖色系燈光，加上每個人沉浸在閱讀的享受，這樣安安靜靜的氛圍，讓我們情不自禁逛了許久，看了好久的書。

1

巷弄中的美麗與小店

惠文社一乘寺店
http://www.keibunsha-books.com/

大阪中崎町街頭散步

對大阪的既定街頭印象，可能就是斗大的招牌、繁華的道頓堀一帶！不過，其實大阪還是有著溫暖可愛的一面，尤其是中崎町一帶，可說是少女們的天堂，雜貨迷的夢幻區域呀！

中崎町位於大阪的梅田一帶，看起來像是一般寧靜的住宅區，事實上，這裡卻隱藏了許多氣質又夢幻的小店。

有別於大阪鬧區的新穎大廈，這裡幾乎是日本的傳統建築，或是老舊公寓。但也因為這樣，中崎町顯得更有魅力，就像漫步在雜誌或是電影裡才會出現的場景。雖然這天飄著微微細雨，但一點也不減中崎町的夢幻氣息，好像下個轉角就會遇見撐著傘在逛街的蒼井優。

日本隨處可見的自行車，在中崎町，除了便利的代步工具外，似乎更成為一種活招牌和裝飾品，舊型自行車停在門口都這麼有味道。

連 Salon 都可以和日本老房子結合得這麼巧妙！

喜歡雜貨、飾品的人，絕對無法抗拒中崎町的魅力。這裡的小店，每間都充滿自己的風格和特色，自然不造作，卻又獨樹一格。光是拍照就足以讓人駐足許久，更不要說進去逛逛街，或是喝杯咖啡了……，總而言之，來中崎町，至少留個一下午的時間也不為過！

來到中崎町，務必放慢腳步，多留一點時間，在這裡可以暫時忘掉平時日本人匆忙而飛快的腳步，在這裡，只要悠哉的逛逛街，在小巷弄和迷人的小店鋪裡盡情打轉就好。

感覺蒼井優會來這裡
買東西…（也畫得太不像）

中崎町的小店
一個下午也逛不完！

1
巷弄中的美麗與小店

這間小店，門口掛著可愛的兔子小招牌……沒錯，這
間兔子店就是讓客人進來和小兔子們玩的！可以進去
和蹦蹦跳跳的兔子玩耍，摸摸牠們的兔毛，光想就好
療癒好溫暖啊！

雜貨迷必訪的倉敷意匠

倉敷是個適合悠閒散步的地方，尤其是美觀地區，保留了東洋和西洋的傳統建築，老建築被完好地愛護著，也因為獨特的老舊街景，這裡的遊客也絡繹不絕。沿著河畔，在微垂的柳樹邊緩緩地散步，逛著一間間精緻的傳統小店，倉敷的恬靜氣氛和氣質其實一點也不輸京都呢！雖然是陰天，但是越到傍晚，烏雲漸漸散開，加上河畔陸陸續續點起小燈的點綴，讓倉敷顯得更加優雅。

在倉敷遇到好多柴犬♡

倉敷的傳統小店，有帆布、也有精緻的日本傳統和紙。

倉敷的小河,是江戶時代用來運輸物資的要道,現在則是成為觀光客最愛的一項活動,可以坐上木船,聽著船夫大叔娓娓道來倉敷的歷史,不過,在美麗的倉敷美觀地區搭船,別有一番情趣,有種東方威尼斯的感覺。

然而,說到倉敷,喜歡雜貨和文具的你,一定會想到倉敷意匠!倉敷意匠的直營店,就位於「林源十郎」商店裡頭。

倉敷意匠也有許多日系的雜貨,也常常出現在日本各大雜誌,可以說是名氣響亮。除了倉敷意匠之外,倉敷也有非常多的紡織業,光是在這區就可以逛到許多帆布店、和紙店、陶瓷店,絕對是喜愛雜貨和小東西女孩們的天堂。而這間是二〇一二年才開幕的倉敷意匠直營店「atiburanti」。這裡除了販賣商品,也常常舉辦展覽。一樓屬於倉敷意匠,二樓則是有一整區賣 mt 的紙膠帶,還有一間小小的咖啡廳。

一個人逛其實很痛苦,我不斷地把各個商品拿起來心動很多下,然後因為價錢的關係再默默放回去。

放眼望去,有非常多的小東西值得慢慢挖掘,光是欣賞就可以純賞玩夠久了。不過,倉敷意匠充滿質感的明亮空間,在這裡逛街相當舒適自在,每個角落,都像是雜誌裡面的照片一樣美。

倉敷意匠直營店
http://atiburanti.classiky.co.jp/

逛了就出不來的文具店

挑戰文具控理智極限的 Loft

Loft，這個名字對許多文具控來說一點都不陌生，可說是來到日本非朝聖不可的一間店！外加分店非常的多，許多城市都有 Loft 的蹤跡，要敗家也不用怕無處可拜啦！ Loft 官網可以輕鬆查詢到日本各地的分店。

自從幾年前逛過東京的 Loft 後，裡面的豐富種類就已經讓我想要定居在其中了！一開始是在大阪道頓崛一帶找尋 Loft 的蹤影，沒想到那棟已經準備改建成其他百貨，所以只好改變目標，來到大阪梅田。幸好，這間 Loft 完全沒讓我們失望，氣派的一整棟，不怕沒得逛，只怕腳會太痠無法負荷啊！

其實 Loft 並不只有文具，還有各式各樣的東西，從日常生活用品、到裝飾品、各式雜貨、保養品等應有盡有。但是，文具的規模更是不容小覷，從小到大的文具，還有你想都沒想過的文具，或是文具界的寵兒紙膠帶和貼紙，這裡絕對可以滿足你！來到 Loft，請顧好自己的荷包，因為實在太容易失守了！

以木頭為主的 Standard bookstore，讓室內的空間變得更加溫暖而舒適，擺設更是美麗得令人想尖叫！

Loft
http://www.loft.co.jp/

LESSON 1 | 紙膠帶情迷

對重度手帳控來說，紙膠帶絕對是製作手帳不可或缺的素材之一。它不僅讓手帳變得更生動有趣，對文具蒐集者來說，也是一項美麗的收藏品。

既然來到充滿著雜貨、古書的惠文社以及文具集散地 Loft，當然就不能錯過各種迷人的紙膠帶囉！

1 將蒐集到的紙膠帶通通貼在手帳上！

2 連商店的膠帶也不要放過！

3 將特別的類型單獨貼在手帳上作裝飾也不錯。

4 利用透明性做出美麗的和風味漸層緞帶

5 在「宮島口」商店街附近買的手繪紙膠帶，充滿英式風格的茶具圖樣

不小心買了3coins的紙膠帶和髮夾…差美運積壞了都買下去了!!!

6 排列整齊的奈良圖騰和超另類佛陀紙膠帶，購於生活道具店「中川政七商店」

7 紙膠帶控的天堂，倉敷意匠

classiky's
atiburanti

Hayashi Genjuro shouten 1F
2-23-10 Achi
Kurashiki-city Okayama
http://atiburanti.classiky.co.jp/

但是價格都超嚇人的，所以我只買了閔美穗了的小貼紙而已→

有太多東西都太美但是真的太貴了(哭) 工作也有用不知道哪來的紙膠，但比較近好，台灣都有。

但一樓真的太美我的菜，好想在那工作或乾脆出道~ (誤)

8 紙膠帶好黏易撕，可以貼住照片、DM 等想要留念的紙張

Bicycle Day ♥

9 以日本娃娃所繪製的不倒翁膠帶，在手帳中隨處可見！

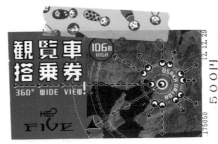

025

味蕾的美妙饗宴

怎麼能不吃拉麵

不能逃跑也不能尖叫的噴火拉麵

噴火拉麵，這個看似驚悚而誇大的標題，在京都的めん馬鹿一代，卻是千真萬確、字字屬實啊！

めん馬鹿一代，位於京都的二条城附近，外觀是看似普通到不行的拉麵店，但光是噴火這個噱頭就吸引了不少的客人。店裡面不大，想吃噴火拉麵是要坐在店內的「吧台」區，也是特別座席。

如果是想吃店內其他餐點的客人，一律就是坐在左半邊的一般位置，也是座無虛席，生意超好！

這次，我們一行人決定，一人拍照，其他四人親身嘗試噴火拉麵！

由於噴火拉麵並不只是像生日蛋糕的蠟燭那樣小小的火焰（廢話）而是貨真價實的超強火焰，當然也會有相對的危險。所以在用餐之前，老闆會一一向客人解釋應該注意及遵守的事項，不會日文的人也不用擔心，由於台灣客人很多，店內也有各國語言版。

「油倒進拉麵時不可拍照」

由於老闆是一碗碗將熱油連同火焰一起倒進碗裡，火焰是非常近距離靠近自己，所以絕對不能拍照，要拍照的話只能拍別的客人，不能拍自己。

「不可逃跑」

火焰冒出來是一瞬間的事情，老闆叮嚀，絕對不可以輕舉妄動，不能突然逃離座位或是尖叫。雙手也不可以靠近桌子，要抓好椅子，身體微微向後傾斜，以免燙傷。

「不可觸碰麵碗」

倒入熱油後，麵碗會非常的油膩，避免弄髒或是打翻麵碗，所以不可以觸碰麵碗。

「用餐完畢前都不可拆下紙圍兜」

吃麵的過程中，熱油可能會濺出碗外，因此一定要圍著紙圍兜。

每一個用餐的客人絕對要遵守馬鹿一代的規矩，不然叮是曾有生命危險的！

老闆將規則說明清楚後，大夥宛如要踏上戰場的戰士一樣全副武裝——圍上圍兜兜之後，老闆一臉嚴肅地要我們將頭髮綁起來，就連唯一的男性友人達達，都被迫將瀏海綁起來，不然要是火焰燒到頭髮可不是開玩笑的呢……

沖天炮、馬尾、圍兜兜！看似有點好笑的裝備全部齊全後，老闆先端上四碗麵，放在我們面前，接著用厚厚的手套拿著一鍋像是一團火焰的東西，就直往碗裡倒……突然間，火焰就像好萊塢的特效場景一樣，一瞬間就在眼前升高！剛剛還在取笑彼此愚蠢的扮相，下一秒只能盡可能的把身體往火焰遠離！

火焰其實只有短短的幾秒鐘，不過老闆是身經百鍊的超級老手，其實整個噴火的過程很安全，不過臉會有點熱熱的，噴火也只是一瞬間，而在這短短的幾秒鐘，噴火拉麵早已完成，熱呼呼冒著白煙。

中午吃了朝思暮想的「めん馬鹿一代」！
非常緊張呀一！

(又害羞又緊張)→

老闆的指示 (他边拍边笑…)
「眼睛看上面，嘴巴張到最大，
然後吃一口麵！」
我們都照作了… (真好控制)

噴火拉麵退去火焰後，看起來其實平凡無奇，但是在小心翼翼嚐過一口後，味道其實不簡單啊！上頭滿滿的蔥花，因為火焰直接燒過，反而變得有點甘甜而發出陣陣的香味，加上軟嫩的叉燒和Q彈的細麵，還有濃郁的湯頭，看起來簡單，吃起來卻是美味極了！

我們四人還真的就頂著這充滿喜感的沖天炮，津津有味地吃完了噴火拉麵……本來一臉嚴肅的老闆看著這幾個小鬼吃得如此入迷，突然叫我給他相機，說要幫我們拍照。這不拍還好，拍的時候老闆竟然還指定要我們眼睛向上看，嘴巴張到最大，然後擺出要吃麵的動作。

然後大家也乖乖照做了，老闆拍完照後一臉滿足，喜孜孜的回到廚房繼續工作，雖然我們有種被老闆玩耍一番的感覺，不過這個驚心動魄卻又美味無比的めん馬鹿一代，卻已經進入我心中的拉麵美味排行榜前幾名了！

馬鹿一代
京都市上京區丸太町通智光院東入南側佐佐
木大樓 1F

吃了會上癮的龜王拉麵

大阪拉麵百百家，即使在網路上查了很久的資料，不親自來吃一趟，實在很難分出他們之間的高下。然而，龜王拉麵可說是在他們之中脫穎而出，讓我們還吃了兩次的「究極拉麵」。

這間龜王拉麵分店位於道頓崛附近招牌旁有隻幽默的小小烏龜插圖，第一次前來時，店門口還排了不少的人潮，這也讓我們更堅定想要吃到的心，幸好，龜王一點都沒讓人失望！

店裡頭有著許多的食材介紹和吃法，龜王拉麵使用的是他們嚴選的食材，除了肉品、配料、祕傳醬汁外，龜王的狠角色是──麵條！一般的日本拉麵麵條幾乎都是稍微寬一些些的粗麵，但是，龜王的拉麵卻是偏細，而且另外細分了兩種──20 號的中細麵和 25 號的極細麵！

店裡的菜色更是豐富，種類相當多，連飯都可以點到。半開放的廚房，可以看到師傅強而有勁的強壯手臂，帥氣地甩著麵條，倒入香氣逼人的湯汁，迅速地變出一碗碗熱氣騰騰的超誘人拉麵。

一般的拉麵
也好好吃啊！

麻辣担担麵！
LOVE LOVE !!!

黑胡麻擔擔麵，可說是這次的壓軸！看起來黑嘛嘛的醬汁，
卻蘊涵著龜王的祕方。

第一次點的，是有別於傳統湯麵的九州油ソバー，也就是油
麵。乍看之下有點台味，上頭有著很豪邁的叉燒，有點像是
滷過的，非常非常的入味，還有清爽的紅蘿蔔和青菜，攪拌
過後吃起來鹹而不膩。

除了招牌龜王拉麵，還有飯類，黑胡麻、辣油以及祕傳醬汁，
上面更是豪邁地放上整條辣椒。擔擔麵是可以調整辣度的，
會越吃越麻，但卻讓人一口接一口無法停止啊！尤其是像沾
麵的方式，能保留麵條中的彈性和 Q 彈的口感，好吃極了！

龜王拉麵
大阪市中央區道頓堀 2-2-17 忠兵衛大樓 1F

我愛日本甜點

花大錢也甘願的精緻甜點 HARBS

HARBS 的分店散布日本各地，這次選擇的雖然是大阪大丸百貨的分店之一，但是，一點也不影響蛋糕的品質唷！門口有著 HARBS 的字樣，加上優雅的雕花裝飾，還有素雅的馬賽克地磚，很難想像這裡竟然是百貨公司的一個角落。

HARBS 的店員們每個都身著俐落的白色制服，親切地向客人解釋商品，蛋糕櫃裡的蛋糕並不是一片片切好的，而是一整塊的蛋糕，點餐後會再另外切下。

ストロベリーケーキ。
下次要吃這一個……

「女生的甜點是裝在另外一個胃！」

在 HARBS，我們又再度證實了這句話的可信度。即使胃裡才剛裝滿炸蝦丼飯，看到這美麗的景象，心中有個聲音告訴自己說，再大塊我也吃得完！

雖然 HARBS 給人的感覺是氣質又優雅，店裡面的裝潢是淡綠色歐式風格，但是，蛋糕的大小卻是毫無客氣的非，常，大，塊。由於材料都是使用相當高級的原料和水果，價格相較之下稍微昂貴，但是親眼見證每塊蛋糕的尺寸後，其實就一點也不心痛。

我想，每個女孩應該都對於甜點有著無可救藥的偏執和喜好，例如我不喜歡巧克力，卻對草莓無法抗拒，而這次，我必須忍痛向草莓先說不，因為目標是 HARBS 鼎鼎大名的水果千層！

玻璃櫃裡的蛋糕，每一塊都好像在閃閃發光！

來了！引頸企盼的 HARBS 水果千層！用法式薄餅的派皮細膩的層層鋪上，千層派裡頭的水果，和微甜的鮮奶油繼續向上疊。草莓、奇異果、香蕉、哈密瓜，這些貨真價實的超新鮮水果，更讓這道甜點閃閃發光，每一口都讓人幸福到不行，真的太太太太好吃了！

也因為水果千層太誘人，我和好友硬是兩個人都點了同一道，誰叫水果千層的魅力實在太強，太難抵擋！下次絕對要嘗試一下其他口味才行。

雖然不便宜，
但HARBS絕對值得！！！

應該有超过7.8公分高
的水果千層派☆

HARBS 的官網和 menu，都是由手繪的方式呈現出每種蛋糕的樣貌，這麼可愛的圖，更是深深擄獲少女們的芳心！

HARBS
http://www.harbs.co.jp/harbs/

擺盤精美又充滿驚喜的太陽之塔

太陽ノ塔，也就是太陽之塔，隱身在大阪梅田一帶的中崎町。
中崎町也算是小店與咖啡廳的激戰區，而太陽之塔更是藏在
小巷的轉角處，轉進巷弄中，眼前的歐洲風藍色小木屋，就
是這間超人氣甜點店！

這天的下午下了點雨，氣溫有點低，外加在中崎町找尋這裡
好久好久，推開門進來，暖和的溫度和舒適的氣氛，和這裡
可愛的外表，就好像在森林裡迷路時找到小木屋躲雨一樣驚
喜又開心啊！

店門口的小型立牌，手寫著店裡面的甜點和
飲品，也有供應正餐唷！

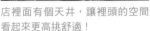

店裡面有個天井，讓裡頭的空間
看起來更高挑舒適！

太陽之塔雖然有兩層樓，但座位並不多，在熱門的下午茶時
段，可説是一位難求。店裡有著深色的木頭樑柱和小小的樓
梯，接連著一、二樓的空間。

粉紅、淺藍、湖水綠和各類歐式風格的老式壁紙，裡面漆上
多種不同風格的色彩，配上店裡大大小小的復古裝飾和沙發，
各個角落都有自己的特色，讓人很想每個座位都坐坐看。

雖然是甜點店，卻不會讓男孩們太害羞而不好意思前來，是
男生女生都喜愛的風格，這也是店裡可以看到不少男性客人
的緣故吧！

經過了甜蜜又煩惱的點菜過程，我們終於決定好各自的蛋糕
和飲品。為了搭配甜點，我選擇了一般的伯爵茶，因為重點
是太陽之塔的超強甜點。

端上蛋糕的那一瞬間，我們四個人驚呼一輪以後，匆忙的拍
下各個角度的美照，然後開始困擾……到底該從何開始吃
起。我點的是蛇年限定的白巧克力草莓慕絲蛋糕，因為是蛇
年限定的超限量蛋糕，賣完就不會再推出，想都沒想就決定
選擇它！

如果看不懂蛋糕名稱，就到一樓的蛋糕櫃前直接挑選吧，除了可以向美女店員們詢問，挑蛋糕也是幸福而困擾的過程呀！

上頭有個可愛又生動，微微吐出紅色舌頭的白色小蛇。白巧克力的外皮包覆著香氣十足的草莓慕絲。最底層則是紮實的派皮，邊邊更是擠上一點點的奶油，點綴在蛋糕的旁邊，就像是一個超精緻的模型。

除此之外，最下面竟然還有著美麗到不行的拉花！蛋糕本身已經夠美夠可愛，連拉花都美得讓人這麼困擾，讓人完全不知道要從何下手了。

太陽之塔果然名不虛傳，除了蛋糕外觀可愛到爆表，味道本身也是完全沒話說！價格雖然小貴，但是每樣甜點卻都是超有分量，絕對值得一來。

小蛇是奶油！

下午去了"太陽/塔"吃下午茶♥桌了一個限定ケーキ，草莓口味！非~常好吃！✦✦ GREEN WEST♥♥

白巧力！

酥皮！

草莓慕斯★

每一本 menu 都是獨一無二的手作書！　　　好友的生巧克力塔！　　　讓人驚奇不已的蛇年限定蛋糕。

太好吃了吧一♡

幸福一

太陽ノ塔 CAFE
http://taiyounotou.com/green/

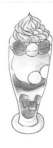

從沒想過抹茶如此迷人

京都的顏色，是抹茶綠。

或許是曾經吃過品質不好的抹茶，總覺得那有點暗淡的綠色就是有點苦澀的味道，所以一開始，對抹茶並沒有太大興趣。沒想到，自從來了趟京都，竟然對這個口味感到無法自拔了。

在京都，其實隨處都可以看到抹茶的相關周邊和食物！

祇園的茶寮都路里，是最有名的其中一間，樓下可以買到抹茶的任何食品，餅乾、茶葉、冰品都有。爬上樓梯，二樓便是都路里了，但是都路里的名氣，讓前來的客人從狹窄的樓梯一路排到騎樓，即使如此，大家還是要一嚐京都抹茶的迷人。

攤開 menu，光是抹茶聖代的種類就多到讓人頭痛！沒想到光是抹茶，就可以和這麼多的甜點互相搭配，可以有這麼多細膩的變化！最後選定的，有著抹茶奶油、抹茶湯圓、香草冰淇淋，下頭還加了 QQ 的寒天，讓抹茶聖代變得華麗又繽紛！

金閣寺裡的抹茶霜淇淋，抹茶味超級 濃郁又香甜。

抹茶可以成為甜點中的要角，也可以在鹹食中 一展長才。

我們點了碗湯麵，裡面的綠色麵條，正是抹茶口味。濃郁的湯頭，清淡的豆腐，加上抹茶麵條，咬下麵條的每一口，都散發出淡淡的抹茶香氣，在口中繚繞，怎麼吃也不膩！

來到清水坂，非常適合邊散步，邊品嚐抹茶的周邊美食！北山茶の菓的抹茶餅乾，絕對不能錯過！一進到雅致的店裡，店員會相當大方讓每位客人試吃一整塊的餅乾！而他們的抹茶餅乾，包裝精緻可愛外，味道也非常棒，是來到京都必買必吃的抹茶伴手禮之一。

よーじや優佳雅，藝妓的氣質甜點

よーじや Yojiya，又稱優佳雅，識別度超高的招牌 Logo，踏上京都，分店更是到處可見，連車站都有他們的蹤跡。

よーじや以招牌吸油面紙而聲名大噪，店裡的化妝品、保養品專櫃更是擠滿了各種年齡層的女性，從年輕 OL 到婆婆媽媽，都為よーじや的魅力所折服！よーじや更是在京都開了許多間咖啡廳，而最為有名的，就是銀閣寺 cafe。

除了用餐區域，也有一小棟專屬販賣的小店，等待時可以來這裡小逛一下。

沿著哲學之道，就可以在河畔的小橋旁看見よーじや銀閣寺店。這間銀閣寺分店之所以特別，因為是一整棟的日式傳統建築，加上裡頭有著優雅的日式庭院，可以邊欣賞庭院的美麗造景，一邊享受屬於這裡的下午茶。

也因為銀閣寺店如此的美景，來這裡享用下午茶，還必須要小小的等候一下。不過，等待的確是值得的，一進店裡，必須先把鞋子脫掉，因為裡頭是榻榻米，來這裡享用的客人，可以坐在日式榻榻米上享用午茶，眼前便是綠意盎然的日式庭院。

第一次看見大家都面對同一個方向用餐，其實蠻奇妙的，不過也別有一番閒情意致。我們坐在最前排，最直接面對庭院風景，應該是搖滾區了。

よーじや的招牌藝妓小臉，在飲品中當然也要出現囉！這是よーじや招牌抹茶拿鐵。

啊啊啊

面對日式庭院喝下午茶，感覺很有氣質？

難得有機會可以坐在榻榻米上，讓自己沉浸在氣質而恬靜的氛圍裡，於是決定拿出筆記本，寫寫今日的旅行日記。

京都的抹茶滋味果然很棒，香醇而不苦澀，不會太甜，喝久了卻會有點回甘，外觀可愛，味道也非常棒。相較之下，這裡的戚風蛋糕就稍嫌普通了點。

優佳雅 Yojiya
http://www.yojiya.co.jp/

LESSON2 | 名片上的插圖也不要放過！

旅程沿途中，一定會拿到不少被日漸拋棄的紙張，例如便利商店的發票、隨手接到的傳單或是迷人小店裡的名片，上面總有精心設計、充滿異國風味的美麗插圖，丟掉實在太可惜了，不如加進手帳裡，與文字一起構築一幅主題拼貼吧！

1 自製手繪貼紙

可愛的廣告單除了直接貼在手帳上，還可以怎麼利用呢？沿著手繪外框，剪下一個個小圖案紙，黏上膠水點綴在筆記中，就好像買來的插畫貼紙一樣。

2 可愛名片大蒐集！

3 把面積大的傳單浮貼在手帳裡　面積比較大的插畫，不如折疊起來浮貼在單頁，以後翻閱時就像雜誌摺頁般充滿驚喜！

4 這些都可以貼在手帳上！

日本人超擅長用插畫當作廣告，逗趣可愛的圖樣布滿城市，看似普通的紙張上，總會在角落發現一、兩個設計感十足的手繪。將小圖存起來備用，也能成為日後的拼貼素材。

日本小食大巡禮

蔥花如山的梅田章魚燒はなだこ

是的，嗜蔥如我，當初在大阪當地的美食雜誌上，看見了「はなだこ」的報導。はなだこ是間在大阪梅田附近的小小章魚燒店，這樣的小店在大阪比比皆是，聽起來普通，但是，雜誌上的照片……，太震撼了！章魚燒上滿滿的綠色，疊得像小山一般的蔥花，對我這個蔥花控簡直是太衝擊了，一定要吃啊！

今天竟然下雨了！變超級無敵冷！
大伙先搭地鐵到梅田，吃了心儀
的はなだこ，上面滿～滿的
都是蔥花，章魚也很大塊。

根本看不出
← 是啥鬼？

太好吃了！

はなだこ位於新梅田食道街（聽起來就是會讓食道很滿足的一條街），店面非常小，比百貨公司美食街的店面還要小一些，只有師傅們工作的區塊，旁邊簡單的桌子讓你可以站著吃，但是生意卻是好到不行，大排長龍之外，連站著吃都要搶位子。

店裡除了最常見的招牌章魚燒外，重點當然是我肖想很久的蔥花，布滿蔥花的章魚燒，ネギマヨ！

選擇自己要的章魚燒分量後，師傅便會開始用矯捷而迅速的動作開始料理！旁邊早已準備好滿滿的青蔥，只見師傅飛快地淋上麵糊，豪邁而大氣的灑上章魚切塊和配料，再灑上一點蔥花！讓ネギマヨ不只上頭有著蔥花，裡頭也可以發現蔥花的蹤跡。

（帥氣的章魚燒
師父，一直偷看我
鏡頭！）

刷落

外帶的包裝，蔥花也細心的幫你打包起來！不過，如果想要見識這澎湃而驚人的蔥花景象，還是要現場吃掉最棒啦！

雜誌裡的照片都是真的。現做的章魚燒不斷冒出熱熱的白煙，師傅大把抓起滿滿的蔥花，放上後，再擠上美乃滋，做好的時候真是讓我想要起立鼓掌。

不只是外表澎湃，味道也是好吃到想要擁抱師傅一番。台灣夜市常常出現的章魚燒，多半是較有嚼勁，而日本正統的章魚燒截然不同，咬破有些酥脆的外皮後，裡面的餡料卻是非常軟嫩而燙口。

我的好友們都知道我有多愛吃蔥，當初拿出雜誌的時候他們還說：「這也太誇張了吧……」結果到了はなだこ，所有人都無法抵擋面前的誘人景象和現做時的超強香味，每個人都各點了一道，蔥花魅力萬歲！

はなだこ
ネギマヨ是招牌!
鋪上蔥花後,根本看不到
　　底下是什麼了⋯⋯

耶

我有多喜欢蔥呢?

夢想是在窗外種一排
的蔥,想吃的時候
就可以摘(?)

老饕最愛的頂級飛驒牛肉！

說到飛驒牛，吃過的人都會說，絕對足以媲美松阪牛，或是神戶牛！

飛驒牛的美味和優良品質，是飛驒高山居民的驕傲！走在飛驒，更是可以隨處看見飛驒牛肉的相關料理，牛肉的魅力是如此廣大，壽喜燒、牛丼、拉麵、牛肉串……和日式的料理更是完美的組合。

在日本，吃章魚燒不稀奇，然而牛肉燒呢？一顆顆圓球狀的誘人小點，裡面包的還是最鮮嫩的飛驒牛。

飛驒高山市區的名店「牛多子燒」，牆上可以看見滿滿的客人留影紀念，手上拿著一盤牛多子燒，每個人都滿臉洋溢著幸福！燒燙燙的麵糊中，藏著一塊塊鮮嫩多汁、貨真價實的飛驒牛肉。灑上些許的蔥花，即使沒有刷上醬汁，香味還是不斷地從金黃色的牛多子燒散發出來。

吃著超燙口的料理，是種困難的挑戰，但是征服後的美味，又會讓人覺得很有成就感。由於是現做的料理，如果不馬上吃掉，酥脆的外皮很容易會軟掉，即使每一顆都熱得燙口，請趁熱享用！

飛驒牛好吃到讓人捨不得吃光，但卻又無法自拔的一口接一口啊！

路邊的現烤飛驒牛肉串，現點現烤。穿著和服的阿姨從容地將牛肉串翻來翻去，簡單灑上些許鹽巴，不用幾秒鐘就已經香氣四溢，走在路上都能聞到這超誘人的香味！也難怪來到飛驒的人，總是心甘情願地掏出腰包，就為了嚐嚐這超美味的飛驒牛。

一到飛驒高山，甚至可以拿到當地觀光局自製的免費飛驒牛導覽手冊，詳細的料理資訊讓遊客可以輕鬆掌握當地餐廳，滿足每一個旅人的胃！如果預算充足，不如嘗試以飛驒牛為主角的懷石料理或壽喜燒，如果不想花大錢，那麼，拉麵和丼飯是較為經濟實惠，卻又不失美味的超棒選擇。

我選擇的是飛驒牛丼飯！上頭的牛肉片看起來有點生，大約是五分的熟度，但也因為這樣的料理方式，讓飛驒牛的柔嫩肉質完整地保留下來，把上頭的生蛋黃戳破後，金黃色的蛋汁流到肉片上，然後配上一口熱騰騰的白飯。

這晚入住的 Hostel 提供公共的廚房，由於飛驒牛的魅力實在讓人難忘，晚餐明明才吃了一整碗的丼飯，我們還是到鎮上的肉店買了現切牛肉，親自料理下廚享用飛驒牛。

正統的廣島燒 VS. 大阪燒大對決

説到廣島燒、大阪燒，甚至我到了尾道這個城市，竟然還出現了尾道燒這樣的東西！對台灣人來説……好啦對我來説，這些什麼燒什麼燒的，就是麵糊混著許多食材然後放在鐵板上煎的料理？真的要細分，我還是傻傻分不清楚。

這趟旅程，既然來到了廣島和大阪，那勢必要嘗試一下這個讓他們引以為傲的經典料理。

大阪燒的原名其實是「関西風お好み燒き」，而廣島燒是「廣島風お好み燒き」兩者之間最簡單的區分方法，其實就是做法上的不同。

大阪燒是將麵糊和食材全部攪拌在一起，然後放在鐵板上煎。

廣島燒的方式，則是將麵糊先放在鐵板上煎成薄薄一片，再帥氣地放上一大撮高麗菜絲，以及其他像是肉片之類的食材，熟透後一口氣翻面，再加上炒麵、蛋、蔥花等，最後刷上醬汁，就完成啦！

相較之下，廣島燒難度比較高，基本上都是由師傅在客人面前完成！不過，製作過程也是相當精彩，我非常享受坐在鐵板面前，看師傅們瀟灑地將厚厚的高麗菜絲和肉片成功翻面，那時簡直想幫師傅大聲叫好啊！

最喜歡看食物的斷面層！

我跟店員說我喜歡吃蔥，豪爽的師傅也完成我的心願，幫我鋪上滿滿的蔥花。

在廣島吃的廣島燒，是當地人人都説讚的老店「麗ちゃん」。
在廣島相當有口碑，分店也非常多，晚餐時間更是大排長龍。
店員會在候位時先幫客人點餐，以免等待太久的時間。

「麗ちゃん」店裡瀰漫著一股輕鬆自在的氣氛，身邊多半是
剛下班的上班族，也可以見到許多年輕 OL，更有人是像我一
樣獨自前往的女生，還點了一大杯生啤酒。

於是，我決定放開自己，跟著點了一大杯的 ASAHI，配上剛
做好的廣島燒，店裡還在播放我最愛的經典日劇「HERO」，
佐以不時傳來客人們的談笑聲，簡直是最完美的晚餐時刻！

比起生啤酒，
更愛梅酒多一點！

到了大阪，我們則是開始無止盡的大阪燒之旅。

第一站，是位於難波的おかる，這間之所以會在眾多店家雀屏中選，是因為這是被關西人票選的「最有趣的大阪燒」。除了擁有幾十年的老店和好味道外，おかる的賣點，是店員會在大阪燒上面畫出大阪的超經典景點──通天閣！

期待已久，就是想要店員的巧手為我們畫出通天閣的模樣，不久，一個店員姐姐拿個一包美乃滋，迅速畫出一個可愛的圖樣……但是竟然是米奇！竟然是米奇！為什麼為什麼！

無論如何，畢竟身在大阪，還是想要擁有一份上面有通天閣的大阪燒啊。於是，只好再點一個，這次店員拿著美乃滋再度出現時，我們鼓起勇氣開了口：「那個……可以畫通天閣嗎？」店員嚇了一跳：「哎呀，我想説你們應該會喜歡米奇的。」於是，她笑咪咪地一圓眾人的心願啦！

隔壁桌的上班族男子，鐵板上擺滿了大阪燒，大喝啤酒，徹底解放上班的
壓力。

店員輕鬆轉了幾圈刷子，醬汁就這樣塗在厚實的大阪燒上，
甘甜的醬油膏和美乃滋融合在一起，美得像個小宇宙！香氣
逼人的大阪燒，隨手一拍都會發出光芒。

用小小的鏟子和好友們一起分食吃大阪燒，有點像是吃火鍋，
除了享受食物本身的美味之外，更棒的是和同桌朋友分享食
物的快樂。

LESSON3 | 好好吃的「插畫」！

想要讓手帳日記生動有趣，最棒的方式就是為文字加上插畫，不僅可以還原食物的樣貌，再次翻閱，儲存在舌頭上味蕾的記憶彷彿也慢慢浮現，好像再次品嚐了旅程中的獨特佳餚。看著這些維妙維肖的手繪圖案，是不是也很想大快朵頤呢？一起來看看「好吃」的插畫要怎麼表達吧！

1 為手帳畫上好吃的圖樣

原子筆呈現了速寫的手稿感，插圖則更精緻生動，兩者各有不同的愛好群，你喜歡哪一種呢？

2 甜點

062

3 鹹食

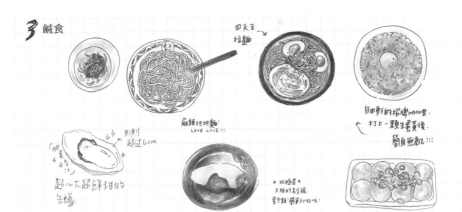

四天王
拉麵

麻辣坦坦麵!
LOVE LOVE !!!

肥美
超過6cm

超~大超鮮甜的
生蠔

★ 北極星 ★
大阪的名字號
蛋包飯:簡單的好吃!

自由軒的招牌咖哩.
打上一顆生蛋後.
簡直無敵 !!!

4 飲品

かわいい!

抹茶奶油
抹茶湯圓

香草冰淇淋

寒天

乾一杯!

← 超好喝的
YEBISU(?)
啤酒!!!

5 將店員也畫出來吧!

飄�撇看呀!!!

座位會髒
請勿吹叫

請勿擅翻床
或是逃離床

(呀蓄)

あぎ,
嫌い?
好き?

かっこいい♥

(京都的車!)

日本的古老壯麗城堡與
美麗勝地

綺麗的山城與小鎮

姬路城的意外小插曲

來到姬路，是想要看鼎鼎大名的姬路城。因為保存度極高，所以姬路城被稱為「日本第一名城」，但也因此，我卻剛好碰、到、整、修！沒錯，姬路城被巨大的鷹架屋包住，正在進行為期五年的大維修。不過，整修中的古城也挺有趣的，由於這裡開放民眾觀賞維修過程，所以我還是照著計畫來參觀了。

沒想到，晚上七點半的姬路車站一帶，卻是比我想像中冷清許多。店家紛紛關店，大家都是一副要趕著回家的樣子。偏偏今晚入住的旅社，離車站步行需要半小時左右，然後，我拖著行李箱徹底迷路了。

出國前，老爸還特別要我帶個哨子以防遇到壞人攻擊。

漆黑的姬路，只能看到遠處的姬路城打著微弱閃爍的燈光，其他幾乎沒有什麼人影，讓我不得不抓緊哨子邊找路。迷路了半個多小時，隨著時間越來越晚，天色越來越暗，而這個姬路城周邊雄偉的護城河，更是大得令我緊張！

「再不問路就死定了！」

正當我越來越擔心時，有兩個阿姨，肩膀上披著毛巾，看起來就是吃飽要來散步的樣子（回想起來附近好黑啊阿姨妳們要去哪散步！），情急之下，毫不猶豫地問了路，沒想到，一問就是問到貴人！雖然我要去的方向和她們的路線徹底相反，而阿姨們也搞不清楚旅館的位置，但即使如此，她們仍然非常非常熱心地陪我找路。

找了好久，最後他們乾脆直接拿出手機，幫我撥給旅館老闆，老闆還問說：「這個女生是妳們的朋友嗎？」阿姨們就說：「哎呀，只是在路上遇到的。」

就這樣，順利地找到了今晚下榻的旅館。阿姨們還目送我進門口，還不斷地要我路上小心，害我只能頻頻和她們道謝。現在回想起來，真想給她們一個大擁抱，真的非常非常感動！

沒想到，一進到旅館，又讓我受寵若驚！

這間旅館的名字是緣樂堂，現在回想起來，真的是很有緣又快樂的一間 Guest house。緣樂堂這晚正好在舉辦 Oyster party，也就是生蠔派對！我這個迷了路的台灣女生，突然就被拉進這個歡樂的派對。

兩個阿姨不知道在哪，但不顧我要去的地方和她們反方向，还帶我去找路，後來直接幫我打到 Hostel，直到目送我進 Hostel。除了拼命的向她們道謝，当下真的超級感动。

Day 5 Sun.

cloudy

姬路
書寫山

姬路 Himeji
→ 大阪 Osaka!

本当に、
ありがとうござい
ます！！！

这掛上
毛巾！

這天的成員，除緣樂堂瀟灑的平頭老闆之外，其他十來個日本人，也都是老闆的好友及之前的客人，大家一起享受這個溫馨又熱鬧的小聚會。這應該是我生平第一次和這麼多陌生人一起吃火鍋、吃生蠔，大喝啤酒！

雖然這晚的成員多到名字我都記不完，但是，我就好像多了一大群日本朋友的感覺，一點也不像第一天認識彼此。聊台灣的事情，聊日本的事情，雖然我日文很爛，而大家的英文也不是很好啊，只能不斷地拿出我的日記，作為我們的溝通工具。

就這樣胡亂聊了好久的天，他們也跟我說了很多關於姬路有趣的事情。

例如：姬路的書寫山，是當地人最引以為傲的一座山，因為湯姆克魯斯的「末代武士」就在這邊的圓教寺拍攝。當時，姬路的婆婆媽媽非常興奮的想要在車站和飯店攔阻他本人，殊不知，由於湯姆克魯斯只住最高檔的六星級飯店，但是姬路卻沒有這麼高檔的飯店，所以，湯姆克魯斯只能住在神戶，然後每天坐直升機上山拍片！雖然也不知道是真是假，但還是笑壞我了！殊不知，我隔天……竟然就去爬了這座山！

本來的計劃是早起去姬路城。但是昨晚認識的可愛大叔森桑，
還有另外兩位可愛的姐姐雅子桑和三瓶桑，說想要帶我去看
看姬路的美麗風景。於是大家坐著森桑的車，前往山腳下，
準備搭纜車上山一覽姬路的美景。

沒想到，纜車今日停駛，年紀最大的森桑便爽朗的說：「那
我們就爬上山吧！」不！其實我是不太愛爬山的人，但對於
別人的熱情邀約，怎麼可能拒絕呢？就這樣被迫爬上山了，
脖子上還掛著一台很重的單眼相機。要死了，現在想想真是
要死了，大家的腳程還不是一般的快。但是身為台灣人代表
的我，無論如何怎麼能輸？

硬著頭皮，大約花了兩小時左右，終於攻頂。書寫山上的景
色果然非常的美麗，雖然冬天的天空有點霧茫茫的，但陽光
從烏雲的縫隙，照到遠方的瀨戶內海，海變成金黃色的光澤，
閃閃發光，還可以看到海另外一端的四國島。面對眼前如此
美景，我突然覺得自己彷彿要愛上爬山了。

森桑最愛的一間老牌小店，只容得下三四桌客人。有點年紀的老闆夫妻有著超強的好手藝，濃郁的咖哩完全征服我們的胃和心！

書寫山中有著大大小小的寺廟和雕像，和樹林融為一體，像是神明照顧著大自然和人們。

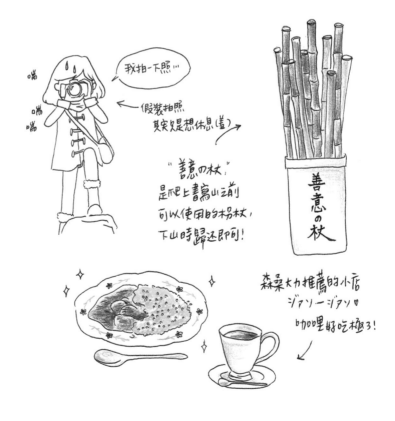

喘

喘

喘

我拍一下照…

假裝拍照
其實是想休息(蓋)

"善意の杖"
是爬上書寫山之前
可以使用的柺杖，
下山時歸还即可！

善意の杖

森桑大力推薦的小店
ジアソーシアソ♡
咖哩好吃極了！

雖然上下山，加上在山裡看了無數個美麗而靜謐的寺廟，花了足足四個多小時，那晚，雖然我的小腿痠得要命，但是一切卻那麼令人印象深刻，這是姬路人才知道的私房景點，難得可以遠離城市的喧囂，在山中感受心平氣和的氛圍。山景和莊嚴的寺廟，更是姬路人自傲的美景與寶物。

後來，森桑帶我們去吃他最愛的咖哩，還去了姬路人最愛的一間溫泉。和剛認識不久的兩個日本姐姐一起全裸泡溫泉，真有點害羞。

看了書寫山的美景，也填飽了肚子，泡完溫泉後，連身體都跟著暖了起來，身心靈都達到最滿足而幸福的境界！但分別的時刻還是來了，短短一天一夜的姬路之旅，要結束了。森桑載我們到車站搭車，雅子桑要回神戶老家，三瓶桑要繼續旅行，要自己前往名古屋體驗臥舖夜車。

明明相處的時間不到兩天，卻讓我超級依依不捨，還有緣樂堂親切的大家，現在想起來還是覺得好窩心，在緣樂堂，一點也不拘謹，就如同回家和老朋友相聚一樣自在又開心，真的是滿滿的感激。

我也決定，下次絕對還會再來姬路的。

因為，我根本沒去逛到姬路城啊！這不是我最初的目的嗎！但是，認識了這麼多友善又熱心助人的好朋友，我的姬路行雖然沒有照著計劃走，卻成為這趟旅程最令人難忘的一個城市。

★ 在露天溫泉看電視的奇妙体驗！（あがねの湯）

First Time!

飛驒高山與世界遺產的白雪美景——合掌村

飛驒高山位於岐阜縣的最北端,以地理位置來說,早就已經超越所謂「關西之旅」的範圍了。從大阪出發,往東北方行駛的直達巴士,也要花上五個小時左右。雖然路途稍稍遙遠,但是依然萬分期待啊,因為,飛驒高山海拔較高,勢必可以迎接到我 23 年人生中的第一場雪!

中途停靠ひるがの高原,在這個休息站稍做休息,就已經可以看見厚厚的積雪。好想尖叫!「雪,這就是雪!好美!好美!」(興奮地把手指戳進深深的積雪裡)可惜我孤家寡人的尖叫有點太不好意思了⋯⋯只好在心中默默尖叫。

抵達飛驒高山,高山市區並不大,但矮小的木造樓房充滿簡單質樸的氣息。因為聖誕夜的緣故,當地人和觀光客在這個小小的城鎮齊聚一堂,少了以往熟悉的繁華聖誕燈飾,有的是當地居民親手掛上的簡單裝飾,還有許多吉祥物玩偶,少說有十來個吉祥物玩偶在街上晃來晃去,太可愛又太爆笑了。

這些吉祥物和路過的大小朋友們互動拍照。本來還心想,第一次離鄉背井一人度過聖誕節,還有點些許的寂寞,但是這裡瀰漫的歡樂氣息,讓我本來的孤寂感一掃而空。

氣泡水蜜桃酒

可樂

自己煎的飛驒牛!

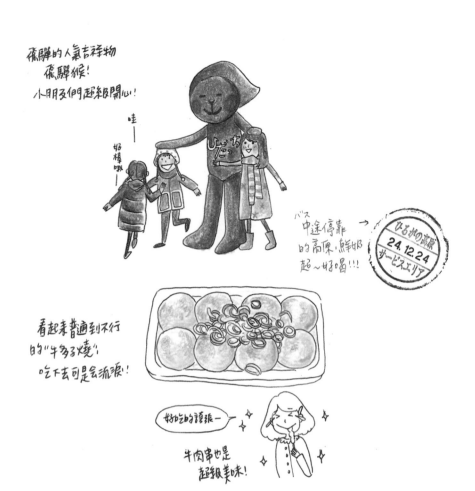

飛驒的人氣吉祥物
飛驒猴!
小朋友們超級開心!

哇—

好棒哦—

ひだ

バス
中途停靠 →
的高原,鮮奶
超~好喝!!!

ひるがの高原
24.12.24
サービスエリア

看起來普通到不行
的"牛多多燒"
吃下去可是會流淚!

好吃的誇張—

牛肉串也是
超級美味!

話說,本來已經做好一人聖誕的打算,沒想到今晚入住 Hostel 的室友,竟然是個台灣女生!是個叫做 Jinny 的開朗大姐姐,也是一個人來旅行,但是隔天就要回到名古屋,準備搭飛機回台灣。

這麼有緣分的一個夜晚,我們決定去肉店買最道地、最有名的飛驒牛肉,自己煎來吃!飛驒牛要價不菲,但鮮嫩多汁的肉質絕對是物超所值,這應該也是一個人旅行以來(這時候是第六天的一人旅行)開口說了最多中文的一天。

之前都是用英文和破爛日文與日本人溝通,說了這麼多中文,真的是有種暖暖的親切感啊!

←參觀了貝中的
長瀨家

除了煎飛驒牛來吃，還到便利商店小逛一下，買些小點心和一點甜甜的氣泡酒，簡單慶祝這個有緣的夜晚。同時，也和住在同一間 Hostel 的澳洲大叔聊天。

大叔住在澳洲南邊，他說因為那邊看不到雪，他就帶著一家大小，來日本度過一個白雪聖誕節。

大叔雖然有點年紀，但是非常的爽朗健談。他還問我們說：「旅行的目的是什麼？」我當時想都沒想就回答他說：「看看這個不同的文化，認識更多不同國家的人。」

但他卻告訴我們說這輩子去過太多國家，年輕時都是想要去認識更多不同的人事物，但年紀長了，才發現，其實每個國家的人都是一樣的，沒有什麼不同。他說：「我們都想要有快樂的生活，有幸福的家庭，還有乖巧的孩子，不管哪個國家的人都一樣。」所以身為地球上的人才應該要同心協力，讓世界變得更美好。

隔天一大早，和 Jinny 有點不捨的道別，我一個人前往白川鄉，也就是大名鼎鼎的世界遺產合掌村。合掌村離飛驒高山，約莫 50 分鐘的車程，我是參加 Hostel 所舉辦的半天 tour，有直達的交通非常便利！

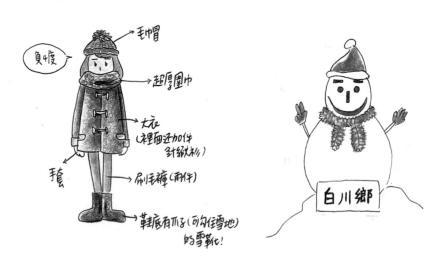

3
日本的古老壯麗城堡與美麗勝地

合掌づくり

歳月を越えて生きつづける。

合掌づくりとは茅葺きの屋根が掌のひらを合わせたような急勾配の山形をした建築をいいます。白川郷では屋根の両端が本を開いてたてたような形の切妻合掌づくりと呼ばれる様式で、当地の重くて精密に耐え風土に適した構造です。建築物の接合には木製のくさびや縄、ねそぎがいは使われ、金属の釘サクなどが用いられ、風雪やかさで強く締めた屋根の骨格は風雪とともに強度を増すという。風土に生きた先人の知恵が込められています。

「合掌村是個美麗的地方，但是非常的冷，建議大家和我一起走一趟見識一下這裡的美景，就不要過夜了，因為真的、真的很冷喔！」

Tour 的嚮導是個眼睛笑起來會瞇成一條線的開朗日本先生，在車上為大家用日文和英文，簡單介紹一下合掌村，做完導覽，大家下車後就各自行動，中午再回到原地集合。冷歸冷，但是看到眼前的景緻就什麼都不怕了。

合掌村的景色好像日本的童話故事才會出現的景緻！矮小的屋舍，像是小精靈的房子似地坐落在山谷之間，被厚厚的白雪所覆蓋，好像書裡面才會出現的景色，不真實而美麗。

昨天在飛驒高山遇到的只有積雪，但當我抵達合掌村的這一刻，開始飄雪了。這應該才算是人生中的第一場雪吧。緩緩落下的雪花，如夢似幻地在合掌屋旁飛舞，好像也為我一個人的旅行劃下一個夢幻的句點。接著就要和許久不見的好友碰面，展開不同的冒險了！

文學家的最愛，懷舊小町——尾道

會選擇尾道這個城鎮短暫停留一天一夜，也只是一個偶然。因為手上的 JR 山陽 Pass，正好會經過這個以前從沒聽過的地方，加上台灣來這裡的觀光客也不多，於是，我就這麼來了！

也許因為尾道是比較純樸的小鎮，這裡的人口也比較高齡，常常看見商店街的老闆，都是老爺爺老奶奶們，雖然他們的英文沒有像日本年輕人那樣足以和我溝通，但是在每間店打轉時，總是給予客人最溫暖的微笑，真喜歡這種慈祥的感覺。

這裡連電影院都很迷你，電影時刻表是另外設計的，電影院門口的把手都有著讓人驚喜的小圖樣。在尾道，每間店裡的巧思獨具親切而溫暖。

一踏上這個城鎮，眼前的景色，就好像回到十幾年前的日本電影，找不到高樓大廈，也沒有什麼光鮮亮麗又新穎的觀光景點，有的是純樸卻很踏實的老房子，沿著山坡向上蔓延的

3 日本的古老壯麗城堡與美麗勝地

尾道的商店街，可都是貨真價實，
歷史悠久的店家。

像是路邊的小立牌是間甜點店的招
牌，手工繪製，超可愛！

商店街的大叔們在寒冷的冬天，
依舊奮力的搗著麻糬！

小小房子和寺廟，還有從港口微微吹來的海風。如果不怕走
路，用雙腳就可以走遍這兒，是個非常適合悠閒散步的小鎮。

著名的景點，大概就是一些紀念館和石碑，以及尾道最有名
的散步道和纜車，還有眾多日本文人和藝術家喜愛而出名的
景色。這幾年，也因為 NHK 的晨間劇「幸福鐵板燒（てっぱ
ん）」在尾道拍攝，也讓這個小鎮吸引了另外一群觀光客前
來，享受這裡的懷舊氣息！

一出車站，就可以看到著名的女作家林芙美子的雕像。穿著簡單素雅的和服，旁邊有個小小的手提箱和傘，彷彿在懷念又在思考的雕像旁，立著一塊刻有《放浪記》文句的石碑。她四處漂泊流浪，寫下了許多著名的創作，也讓她成為這裡代表性的女性作家。

車廂和室外溫差太大了，可是日本人都不太脫外套或圍巾的。
（我每次上車都想先脫外套，車上好溫暖但外面很冷啊!!!）

在尾道商店街，遇到一隻幫主人叼著明信片的狗狗♡
（我畫得也太像羊了吧!!）

在車站附近買的布丁，300円，外型可愛而且超級好吃!!! 屋台プリン♡ 要是最後一站一定多買幾個！

（かわいい!!）

（小魚裡裝的是類似檸檬汁的東西）

冬天，是尾道旅遊的淡季，觀光客非常非常稀少，少到今晚入住的 Hostel，竟然只有我一個人入住（雖然是個只有兩間房間的小旅館）。Fuji Hostel 是一間老式的日本房子，小小的，貨真價實的日本老建築。但是我最擔心的事情來了……就是，不想要一個人睡旅館！之前曾經一個人在飯店過夜，本來以為自己天不怕地不怕，但是事實上……咳咳。所以一個人旅行時，都刻意挑 female dorm，想說住在青年旅社的女生宿舍就不用獨自過夜！

沒想到，還是讓我碰到了。

睡覺前胡思亂想，還在幻想帥氣的老闆（長得有點像福山雅治）該不會其實是個殺人魔之類的然後會殺掉旅客吧！平常推理片看太多，還在床頭放了一把美工刀以防不測，結果人家當然不是，真的是太失禮了，帥哥老闆、對不起啦！

Fuji Hostel
是間只有2個房間
的日本老房子！
其實便宜又舒適，
是我鬼片看太多了~

尾道最有名的纜車——千光寺纜車，可以眺望瀨戶內海和尾道幽靜的美景。但是，第一天抵達尾道時，纜車竟然在維修。幸好隔天就正常營業了，不然我都要抱著工作人員的腿痛哭了。

這天，雖然有點烏雲，但是隨著纜車的高度漸漸爬升，眼前的景色真的是讓人感到心平氣和又心曠神怡啊，尤其是到了山頂，看見陽光從烏雲的細縫中照射出來，灑落在尾道山坡上的寺廟和老房子，也難怪這裡倍受文人和藝術家的喜愛。來這邊的文人雅士，一定可以把平時煩躁的心思忘掉，淨空腦袋，好好創作一番吧！

千光寺山ロープウェイ！

啊，差點忘了，這裡也是日本人公認的「戀人的聖地」呢，據說晚上的夜景更是美麗。坐纜車上山的同時，也有情侶手牽著手，一起上山。和心愛的人在這裡散步，在寺廟參拜許下心願，一定是很浪漫甜美的回憶。

一上山頂就遇到兩隻超級甜蜜的貓咪情侶，一隻看著旁邊日本大叔手中的零食喵喵叫，一旁的「女友」則是拚命把他撞走，好像在說：「你才剛吃飽，不要再吃人家的東西了啦！」

我選擇了單趟的纜車，攻頂後，自己慢慢散步下山，沿路可以看到許多指標寫著「寫生之地」，就是畫家們喜愛寫生的地點。除此之外，我的另外一個目標是尾道的「貓之細道」。顧名思義就是會有許多貓咪出沒的小徑，在尾道的小徑中，和貓咪們一起悠閒散步，這是我本來的幻想。但是天氣太冷，只遇到三隻圓圓胖胖的貓咪，其他應該都避寒去了。

雖然如此，我還是喜歡上這個初次認識的懷舊小鎮，下次有機會，一定要在旺季的夏天來一次，想必那時候一定可以看到更多慵懶的貓咪們，還有看到更蔚藍的瀨戶內海吧！

似乎是供奉貓咪的神明，祭拜的物品，竟然是一顆顆的松果。

LESSON4 │ 小徑散策的手帳法

將地圖列印出來貼在手帳上，應該是標示目的地最直接的方式了，不過在手帳、繪本或是日雜中，也常出現用色鉛筆、水彩或紙膠帶描繪出來的路線圖，加上當地才會有的地域標記，讓工具感的生硬線條一下子變得柔和而可愛。一起來學小徑散策的手帳法吧！

1 重現手帳上的路線

以居住的旅館、民宿為中心點，繪上有趣線條與剪貼；或是將目的地周遭的事物都畫下來，構築一張可愛又有趣的漫步路線圖。

2 地圖剪貼法

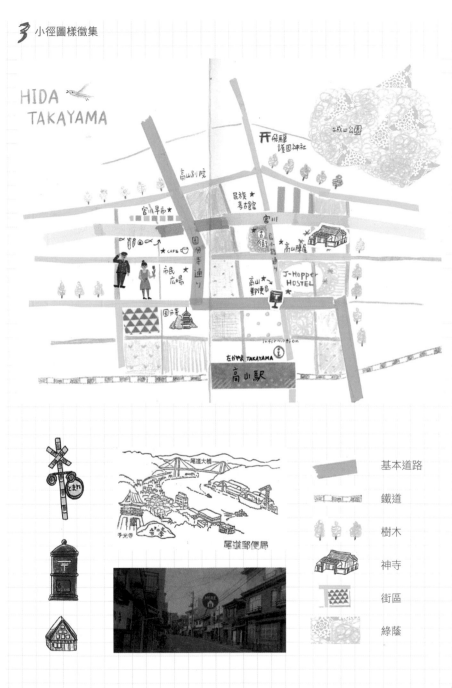

最喜歡的美麗神社

人神共存的夢幻之地，嚴島神社

嚴島神社，算是這趟日本旅行的第一個景點，也是非常期待的地方。所有的第一次體驗，似乎都會比之後的每一次更加深刻。尤其是這次前往嚴島神社的路上，我竟然睡過頭了。

嚴島神社位於廣島的宮島，是海上小島，也是廣島的一大重要景點，因此，在廣島車站不時可以看見美麗神社的海報宣傳，更處處可見往宮島的指標，清晰可見。由於我前一天晚上才抵達關西空港，在機場過夜幾乎沒有闔眼，就直接搭乘第一班新幹線來到廣島。也因此，坐上開往宮島口的 JR，腳邊吹著微微的暖氣，我就這樣不知不覺進入夢鄉……

醒來後，發現車窗外的景色已經從廣島市區變成一片大海，好美！但是，仔細一看車廂上的路線圖發現我竟然坐過站了！幸好我買的是 Pass，可以任意搭乘，只好快點下車，到了一個超陌生又幾乎空無一人的小站，等待下班反方向的車。

一出宮島口車站，港口就在旁邊，搭乘接駁船就可以抵達嚴島神社。接駁船隻分成兩種，分別是私營和 JR，由於這次使用的是 JR Pass，只要秀出手上的 Pass 就可以直接上船，超級方便。

雖然是寒冷的冬天，但是出了溫暖的太陽，讓短暫的搭船過程也變得暖和而舒服。十分鐘左右，船漸漸停靠宮島，而映入眼簾的是一片翠綠的山，還有坐落在藍色海面中的紅色鳥居。

自古以來，日本人深信宮島是神明所居住，充滿了神祕靈氣的島嶼。現在，則成為人神共存的一個夢幻之地。即使這裡不分四季，有著絡繹不絕的遊客，但是宮島依舊保有獨特而祥和的氣息。

大鳥居就這樣屹立在海面中，就好像神明靜靜地在保佑這塊土地。美麗的嚴島神社，也是世界文化遺產之一，在退潮的時候也可以走到鳥居下，近距離體驗鳥居的壯觀！

宮島·嚴島神社
みやじま →

莊嚴美麗的嚴島神社，
佇立在海上，很美。

神社的巫女(?)
之類的。在路上
發傳單，拍相
好可愛呀！

3

日本的古老壯麗城堡與美麗勝地

像狗狗一樣
睡在路边晒太陽!

也有喜以咬
遊客東西的大鹿

搶走一個
似手上
的傳單!

島上除了神明以外,還有一群重要的居民——鹿!除了奈良以外,宮島上的鹿群也不少,每隻鹿就在路上逛大街,悠哉的散步。有的鹿則是懶散的躺在路邊曬著暖暖的太陽,叛逆一點的鹿,還會跑去搶奪遊客手上的廣告紙!

京都的寺廟神社逛到飽？

展開京都的寺廟神社之旅前，先沿著鴨川這條維繫京都人生活的河川散散步。

京都一向都是日本最讓人津津樂道的一大城市，春天可以賞櫻，秋天則是可以賞紅葉，一年四季都充滿了絡繹不絕的遊客。在京都的旅途中，每個景點都擠滿觀光客。但是，京都的魅力似乎並不會因此受到影響，而是在每個來過的旅人的口耳相傳中，變得越來越美，越來越無可取代。

也有人說，京都人有些驕傲與偏執，京都女生大大的雙眼裡，你無法猜透她們的心思與想法。但是一旦踏上京都，就難怪他們會為自己的城市所驕傲了。

那麼，讓人嚮往的神社和寺廟呢？來過京都的人都說，神社和寺廟根本逛不完。這次，大夥的一致結論是：「好像把這輩子逛神社和寺廟的扣打都用光光了。」

第一次，當然要獻給最經典的。清水寺是京都最著名的名勝古蹟，來到京都，絕對不會錯過的一大景點。清水寺的位置較為高處，前來的路上，必須一路爬坡，但也因為有了辛苦的付出，抵達清水寺時，從山腰上眺望京都的景色，絕對是百分之百的值得！

門口大大的寫了個「緣」字，還有良緣祈願四個大字。地主神社位於清水寺旁，也是京都最有名祈求姻緣的神社。想要得到幸福的人們，怎麼能錯過呢？不管是單身，穩定交往，或是想要尋找愛情的人，都會想要踏進地主神社。而我們，不知道怎麼回事，一踏進地主神社，竟然不想出來了？

地主神社除了祈求姻緣外，神明的管轄範圍當然也有學業、健康、交通等平時常見的保佑範圍，看見桌上擺著滿滿的御守……，很奇怪，京都的神社就是有股魅力，掛在那邊寫著「XX 御守」，就會讓你乖乖地打開錢包，想要買下它，抽籤也是。

↑
紅總品店
紙袋上的字

也因為這樣的高度，有了一句諺語「從清水舞台跳下去」（清水の舞台から飛び下りる），形容一個人破釜沉舟，毅然決然的要決定去做某件事情。

えんむすびの神さま 京 地主神社

每次看見一張張摺好的籤紙放在神社的角落，我總是無法自拔地想要抽籤……，一次兩百日圓，其實累積下來，也是一筆不小的開銷，但我就是想要抽籤啊，怎麼會這樣？

地主神社最有人氣的，還是這兩顆「恋占いの石」，也就是戀愛占卜石！

據說，只要許下戀愛願望，閉上眼睛，從一顆石頭走到另外一顆石頭，順利摸到的人，願望就會成真，戀愛也能幸福美滿！也因為這樣，來到這邊，就可以看見許多閉眼在緩緩前進的人們，一開始看到這個畫面，只能説是非常微妙而好笑！好笑歸好笑……什麼？一定要試試看啊！心願會成真耶！

我們也在這裡一邊錄影一邊拍照，玩得不亦樂乎。所以，在地主神社一待就是好久……，幸虧我有順利抵達另外一顆石頭。不過，如果中途走偏了，沒有那麼完美抵達另一顆石頭的人也不用難過，據説，這代表你的戀愛過程會需要有人指點、幫助，有情人終成眷屬，願望還是會實現的！

③ 日本的古老壯麗城堡與美麗勝地

地主神社的祈願水旁，每個木勺代表了不同方面的祈願。

有2顆!

情侶檔好多好多啦！
被我們逼迫要同時走向对方，
閉眼的兩人，後來还不小心
撞在一起，好浪漫喲♥

→ 很多路人
會在旁加油
（真可愛!）

|甘巴爹—！| |GO GO—！|

好浪漫♥

幫忙錄影

而在新年的第一天，我們來到的是京都的北野天滿宮，平時氣質穩重的天滿宮，因為是元旦，門口擠滿了各式各樣的攤位，玩的、買的、吃吃喝喝的都有！天滿宮變得熱鬧不已，還沒踏進門口就擠得水洩不通，塞滿了前來參拜的信徒，還有想要逛攤位的人們。

如果心中有煩惱，也可以買下一小張紙人，把困擾的事物寫在紙上，丟在水中融掉，問題也能夠迎刃而解！

不小心逛到的迷你小小神社——八阪神社。

我們買的御守多得像是可以去擺攤！

金閣寺，金碧輝煌的外觀，倒映在湖面上的美麗景色，總是吸引眾人前來朝聖。這時候的氣溫還不夠低，如果幸運的話，下了雪的金閣寺可是更加迷人，就像披上雪白的衣裳似的。

由於我們太晚抵達銀閣寺，而錯失入內參觀的時間。抵達時大門正準備要關上，尤其是冬天的休息時間還會提早，務必要注意一下呀！

大阪的淒美愛情故事，露天神社

露天神社，又名阿初神社，坐落在曾根崎商店街附近的一個角落，是個有點迷你的小神社。而這裡，更有著一段讓人動容的淒美愛情故事。

相戀的德兵衛與藝妓阿初，兩人的戀情卻被長輩介入。德兵衛發生無法解決的金錢糾葛，被親戚斷絕關係、朋友背叛，為了證明清白，德兵衛決定和阿初一起了結這段不被祝福、註定沒有結果的愛情，雙雙走上殉情之路。據說是由真實事件改編而成的故事，也讓這段愛情顯得更神祕而浪漫。

唯美的故事總是可以吸引情侶們前往參拜許願，除此之外，居民們建起紀念塔，來紀念這段沒有結果的浪漫愛情。

每次看到日劇裡的主角在上班途中，會在沿途經過的小小神社中，雙手合十簡單一拜，說聲：「我出門了」，然後邁開步伐展開全新的一天。神社和日本人就是這樣密不可分吧！露天神社和阿初天神也像是這樣，靜靜守護著這裡的居民，成為當地居民生活不可或缺的一部分。

走在曾崎根的商店街上，抬頭一看，就可以看見比比皆是的露天神社指標。雖然說是一段唯美的愛情悲劇，但是大阪人還是有辦法把他們倆畫得有點好笑。

神社還有一個活動叫做美人祈願，顧名思義就是畫了會變美人啦！原本是一張空白臉孔的繪馬，只要畫上心中嚮往的美麗臉孔，寫下想要美貌的願望，阿初天神便會實現你的心願。這裡的淒美愛情故事已經夠吸引少女們了，畫了繪馬還可以變美，難怪神社裡掛滿了這麼多的繪馬。觀察大家畫的臉孔也非常有趣。

露天神社
530-0057 大阪市北區曾根崎 2-5-4
交通：地鐵「梅田站」／「東梅田站」／「西梅田站」
／JR「大阪站」／阪急線，阪神線「梅田站」

LESSON 5 | 關西印戳大蒐集

只要到了觀光景點，一定會出現這種美麗的圓形戳印，讓旅客可以蓋在自己的筆記中，或是封存在信籤裡。每個地方都有自己的吉祥物或是標誌性的圖騰，甚至有些地方會出現奇奇怪怪的圖案，為手帳增添不少樂趣！

1 充當浮水印的戳記

印痕清晰的印戳，可以當作手帳中的插圖，萬一不小心蓋淺了，就當作筆記上的浮水印吧！由深到淺的漸層戳樣，也別有一番手作感。

2 指標性的神社印戳

3 就是要蓋一下！ 日本真是個神奇國度，連意想不到的地方，也充滿著讓遊客「蓋一下」、留個紀念的印章。

バス
中途停靠 →
的高原·鮮奶
超~好喝!!!

←夢境了貝中的
長瀨家

車站的外牆
本身是一隻
貓咪咪

來到這裡必看必做必去

大阪迷人夜生活

繁華的大阪，爭奇鬥豔的街景

一直對大阪人充滿了高度的興趣和好奇！

日本人多地廣，每個城市的府民們，都有著他們獨特的方言，文化和性格。而大阪人的幽默和搞笑，還有他們鮮明的吐槽文化，加上我平時就很愛看日本諧星們的節目，更讓我踏上大阪之前一直充滿了期待！大阪人的幽默，根本是已經深深植入他們的生活。

難波到新世界的免費接駁車！
大阪人就是愛花俏，顯眼！！！

大阪市交通局 10:47
心齋橋 → 230
24. 12. 27
通用当日限り
下車前途無効
円区間

心齋橋上，總是可以看到許多人在模仿大阪最經典的 Glico 招牌，我們當然也不怕羞地舉起雙手合照一下。另外，越接近深夜，心齋橋的人潮並不會因此而散去，而是有許多遊手好閒的年輕人在這裡晃來晃去。

這裡也是年輕人最愛的地方，橋上總是有著形形色色的年輕人，這裡聚集了 Zara、H&M、Uniqlo，各大潮流品牌、時尚服飾，還有觀光客最愛的藥妝店。

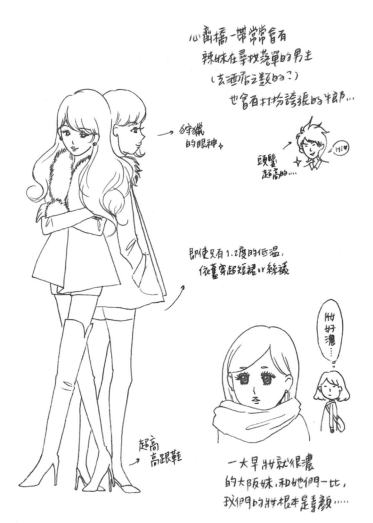

心齋橋一帶常常會有
辣妹在尋找落單的男生
（去酒店玩的？）
也會有打扮誇張的牛郎…

→ 狩獵的眼神✦

Hi！

頭髮超高的…

即使只有1.2度的低溫，依舊穿超短裙、絲襪

超高高跟鞋 ←

好濃…

一大早妝就很濃的大阪妹，和她們一比，我們的妝根本是素顏…

小店聚集的道頓崛一帶，簡直是在用招牌進行一場超級大對決！兩層樓高的超大螃蟹看板，超巨大的餃子和奇怪的招牌⋯⋯？

奇怪的標題，五顏六色的燈光，或是大得離譜的尺寸，都只為了讓客人好奇，盡其所能在吸引路人的目光，多看看它們幾眼。而這或許也如同大阪人的性格一樣，就是要顯眼，大方，引人注目。在大阪，氣勢絕對不能輸！

心齋橋旁的 24 小時書店，店裡從早到晚都擠滿了看書的人們，旁邊的星巴克更是一位難求，生意好到不行。

在大阪最經典的地標通天閣，這附近的小巷或許少了點時尚的色彩，但多了更多復古及庶民風情。

大阪少女們的妝容也不輸搶眼的街景，每個人都別有特色。街上幾乎都以豔麗、性感的辣妹風居多，與走氣質路線的京都女孩截然不同。

"大阪妹" OSAKA
v.s.
"京都妹" KYOTO
的妝感

★ 辣妹風居多
★ 妝超濃，髮色偏淺
★ 超愛穿膝上靴

★ 妝感淡
★ 清新風，髮色較深
★ 比較愛在車上看書？
　（觀察中……）

104

被夜色覆蓋的大阪街景，充滿著迷人又神祕的氛圍，走進巷弄裡，也有許多奇奇怪怪的招牌，當然，居酒屋和燒烤店，絕對是享受大阪夜晚的不敗選擇。因為逛餓了，我們還跑到傳說中的「餃子的王將」大快朵頤一番，果然好吃得不得了。

光是走在大阪街頭，抬頭看看繁華而熱鬧的街景，也是體驗大阪庶民風情的另一種方式！

四天王
拉麵

自由軒的招牌咖哩，
打上一顆生蛋黃後，
簡直無敵！！！

新世界的だるま！

ソースの二度
漬けご遠慮下さい

非常厲害的醬汁，
只能沾一次（咬過的食物不能沾）

便宜又大碗
餃子の王將！

餃子の王將

各式各樣的怪奇古著美國村！

有著自由女神像的美國村，是大阪時下年輕人最愛聚集的一個地區。這裡一樣有著時尚潮流的服飾店，風格偏向美國街頭文化，還有各式各樣的古著店！店家較為新潮而有個性，也是個挖寶逛街的好地方。

因為我對潮流品牌沒什麼興趣，所以，古著店是這次首選的主要目標！愛逛古著的人，在大阪可以逛逛知名的連鎖店家WEGO，有全新服飾也有二手衣。而美國村這裡還有更多大大小小的古著店家，也別錯過了。

70 年代美國街頭風，是大阪美國村的主要風格！大阪年輕人
不怕穿得奇怪，只怕自己穿得不夠顯眼！而路邊的 model 穿
搭、鐵門上的塗鴉，也總是五顏六色，繽紛又搶眼，吸引著
路人的目光。

← 美国村古著店員，
鼻環+双馬尾+
棒球外套+濃妝。

說什麼都要試試看

當一天優雅的和服美人，染匠和服初體驗

其實很多人來京都都會體驗和服，提供服務的店家也不少，其中最有名的應該就是「岡本」和「染匠」了。經由爬文和比較之後，我們決定選擇「染匠き（たむら）」，作為我們的和服初體驗。

染匠就在京都高台寺，也在京都必去的二年坂三年坂附近，交通超級方便！就算穿著和服也很適合到附近閒晃兼拍照！由於染匠的阿姨們人手有限，務必要事先預約，雖然不須付訂金只要預約即可，但是絕對不要亂放鴿子喲！

除了和服體驗以外，染匠也有販賣許多可愛的和風小物，價格也比一般的店家來得公道，結束一天的和服體驗後，阿姨們還會送我們 500 日圓的折價券，所以最後也在這裡小買了一下。

這次，五個人選的是「着物（レンタルセット）」，也就是標準的和服穿著，以日計算，在晚上六點以前歸還即可。

穿一整天下來是 5250 日圓，除了幫你穿到好之外，也會搭上簡單的盤髮造型，並附上可愛的和風小提袋，讓客人可以帶著東西出去散散步。

染匠也有提供其他類型的和服、夏季也有浴衣。5250 日圓差不多是將近 2000 元台幣，但是染匠細心的服務加上美麗的和服，可以穿一次也是一了人生中的一個小小心願！

挑選好自己想要穿的和服後，進到裡面的房間裡，另外一個阿姨為我們穿上一層又一層的襯衣。本來想要用腦袋記下和服一層層的穿法，但是阿姨的手腳實在太過於迅速俐落，外加穿法實在是有夠複雜，步驟超級繁複，根本記不起來。

光是內衣就好幾層，穿和服時不能穿平常穿的內衣，是穿和服專用的內衣。據好友小歐所言，日本人穿和服是在追求一種「水桶感」，所以就連最後在胸口的部分還會墊一小條毛巾。

關於和服的專有名詞我搞不清楚啦，不過光是被穿上一層又一層的美麗布料，就是很值得的一種體驗了。

雖然是在一月初來到染匠，很多人問說「穿和服到底會不會很冷？」其實，身體的部分超級保暖的！光是想像我們被裹上這麼厚的布料就知道了。而且阿姨會讓你穿上一件內搭褲，真的是保暖得很誇張啊！穿上去非常舒服又溫暖，讓人都想跟阿姨購買一件在冬天穿了……。

109

本來是短髮的我，在阿姨們的巧手下頓時也有了包包頭！假髮的顏色和我的髮色超級接近，毫無破綻啊！

也有媽媽帶著女兒來體驗和服，著裝完畢就像日本娃娃一樣可愛。

阿姨也會為你搭配一件合適的披肩，讓你脖子不受寒。不過，身體雖然不冷，但是手和臉會很凍是真的唷。在冬天來到京都體驗和服，請做好耳朵和手指會凍僵的心理準備。

花了一個多小時左右，大夥終於整裝完畢！染匠的門口也有一個小造景可以讓大家拍照，染匠的阿姨也會為每天的每一組客人拍照留念，還會上傳到他們的官網。

和女生相較之下，男生的裝扮就比較陽春點了，阿姨們對於男生的髮型也是相當隨意，但是相信各位好男友們一定願意和女友來場美麗的和服體驗。

我們原定計畫是要穿著和服到二条城，因為穿著和服進入二条城就不用付門票！想盡辦法節源開流的我們當然是想要省下這筆門票錢，還可以在美麗的京都古城裡拍和服照，不是正適合嘛！

誰知道……，我們坐錯公車！一坐還坐了一個多小時，幾乎繞回原處！由於京都的公車太緩和、太舒服，一群人還穿著和服在公車上睡死，有沒有這麼浪費穿和服的。

愚蠢如我們決定搭回染匠附近，在二年坂三年坂附近散散步……，幸好京都到處都很美麗很優雅，和和服總是很相配的。

染匠阿姨會帶著客人到裡頭的房間準備換裝。

公車太暖和，一群人竟然穿著和服睡歪了，只好再走回去。

我　　　小憨　　　小歐　　　豬　　　達達

除了一般的和服體驗，京都也有這種「藝妓」體驗，走在路上可以看到許多幾可亂真的藝妓們。

和我們的和服
風格不同，走豔麗(?)
路線的姐姐！
配上毛毛披肩
好華麗！

充滿搞笑基因的我們當然也要拍一下阿里不達的照片，穿和服搞笑也是很有魄力的！用定時自拍拍的姿勢，還被經過的日本女生說：「哈哈哈他們好好笑唷！」不好意思捏。

最後大家還在染匠的榻榻米拍了好久的照片，染匠的阿姨教我們如何穿著和服跪坐！他們兩個看起來是不是很像新婚的小夫妻一樣可愛呀！

結束一天快樂的和服體驗，還可以拿到小小的紀念品，服務真的太貼心，阿姨們又太親切可愛了。和阿姨聊天時提到我的男友正在當兵，阿姨還笑咪咪地說：「下次請務必帶他一起來喔！」

好的，我會把他抓來的。而且下次的目標是要穿成跟極道之妻一樣的和服體驗，總而言之真的是太推薦染匠了。

一定要事先預約喔，網站也有中文版，絕對不怕看不懂！穿上染匠優雅的和服，在京都這個美麗的古都是絕對要試一次的體驗喔！

染匠きたむら
http://sensho-kitamura.jp/

麻雀雖小五臟俱全的大阪膠囊旅館

相信大家都聽過膠囊旅館，但是真正去過的人可能就沒有那麼多了。

這次，踏上大阪之前，在背包客棧看到有個背包客女生的分享，除了想嘗鮮之外，這間膠囊旅館的超便宜價格更是讓我們心動不已，馬上上網預訂房間，迫不及待想要試試看膠囊過夜的初體驗！

這次住的膠囊旅館是位於大阪超熱鬧的心齋橋附近，介於兩大地鐵站心齋橋與難波站之間，大概就像是在忠孝復興和忠孝敦化之間那樣熱鬧。距離地鐵站，走路也只需十分鐘不到，一出旅館更是有許多居酒屋與商店，交通和位置可說是方便至極。

因為價格太過便宜，所以這間膠囊旅館有個嚴格的規定，就是每天都要 check out，即使你在膠囊連續住了好幾晚，也不可以將行李和私人物品放置在膠囊裡頭，每天早上十點以前一定要 check out，傍晚才可以再度入住。

我們猜想這個規定應該是為了避免有人「定居」在裡頭，畢竟日本的房價也是高得嚇人的。但是，990 日圓一晚，都比外面的一碗拉麵還要便宜了。

雖然我們連續住了將近一星期，必須要每天把行李搬進搬出，不過看在這麼便宜又省錢，還可以住在一個從沒體驗過的小空間裡，這一點小問題，完全不怕啦！而且膠囊的空間不大，也不會讓你拿出太多東西，所以並不用花費太多力氣去整理行李。

一進門口 check in 後，必須要將鞋子放在玄關，才能進到裡頭。這間旅館只有二樓是女生專屬，其他層樓都是男生住宿，男女分開對單獨旅行的女生來說也是很安全。不過，畢竟這兒一晚也才 990 日圓，所有的東西當然也是最陽春最簡單，包括電梯……，小到不行之餘，還竟然只有一個！但是這裡頭的膠囊數可不少，所以有時候必須要稍微等一下電梯才行。

check in 時，櫃檯會告訴你房號，還有一把你的置物櫃鑰匙，如果要出旅館的話必須放在櫃檯，而鑰匙上的號碼也正是房號囉。當你入住，膠囊門口的號碼旁邊也會亮綠燈，代表這顆膠囊已經有人入住。

這就是二樓，女生專用樓層！

115

←膠囊旅館的
最後一天! Bye!
(睡膠囊舒服但是有氣
麻煩)

see you!
Osaka!

膠囊看起來很小，實際上卻比我想像中寬敞。

有點像是把一張單人床的空間框了起來，但是坐在膠囊裡頭並不會撞到頭，對於我這種正常身高的女生來說，睡起來其實很舒適，到最後都跟家一樣了。

也因為每天強制 check out，床鋪也是被打理得乾淨整齊，說起來真不誇張，睡了一週都覺得好習慣了。雖然隔音不太好，但是可以在一顆顆的膠囊內睡覺，有時候探出頭來敲敲隔壁的好友，真的是太有趣了！

女生專用的浴室在最頂樓，浴室只有一間，所以每晚等待浴室的同時，我們都會待在旁邊的交誼廳，坐在榻榻米上看電視、喝啤酒、寫日記聊天，度過幸福時光。

順帶一提，在二〇一三年一月，這間膠囊旅館重新裝潢，現在也全新落成囉。原名是ニューカプセルホテル アルデバラン，現在名為 B&S エコキューブ心斎橋。

現在稍微漲價一些，但價格還是非常超值。來到大阪，不如來膠囊住一晚吧！

B&S エコキューブ心斎橋
http://travel.rakuten.co.jp/HOTEL/15235/15235.html

古都的跨年驚魂夜

在台灣，跨年都怎麼過呢？高中的時候，總是不顧一切想要衝到台北市政府看跨年晚會和 101 的煙火，再人擠人一路塞回家。大學的時候，每一次跨年都面臨期末作業無情地追討，沒有再跑到市政府跨年，而是在大學的草皮上，從關渡平原眺望跟火柴棒差不多大的台北 101 冒出火花。

那，在京都呢？

日本和台灣不同的是，台灣人或許會過兩次新年，國曆新年和農曆的新年。而日本人一年就過這麼一次了，所以顯得更加重要。

據說在除夕這晚，吃一碗烏龍麵，有驅魔除惡運的作用。

除了保佑自己以外，主要也是在寒冷的夜晚，讓身心和胃都得到最大的溫暖和飽足，才能夠補足今晚跨年的力氣。

太陽一下山，八坂神社的門口已經陸陸續續湧現人潮，街道上更是比平常出現更多的人，很快就擠得水洩不通。

八坂神社的工作人員會為大家盛一小杯的清酒，除了祈福以外，也有驅除厄運的作用。雖然整個活動是免費的，但是旁邊也可以自願捐點香油錢，這個溫馨的活動，當然還是捐點小錢以示回饋囉！

一開始空的街道,直到抵達八坂神社,
人潮愈來愈多,超級誇張!
神社的攤位超像台灣的夜市!
还排隊喝了降厄運的酒!投了自己的香
油錢,住持會倒一杯酒,很有趣。

小的碟子,
喝完可以帶
回家!

知恩院，最有名氣的就是一〇八下的除夕鐘聲！沒想到，排隊隊伍卻是超級無敵長的。本來想說乖乖等待，沒想到排了好一陣子，突然發現有很多人一直往前衝！原來是知恩院的大門會在十二點前關上！

都排了這麼久，沒進去聽到鐘聲就太糗了！死命地往前衝，卻還是來不及，號稱是日本最大的木門，就這樣無情地在我們眼前用力關上。

人都來了，總是想要親眼見識些什麼不同的體驗吧？不死心的我們，跟著人群移動到旁邊的青蓮院，殊不知，進到大門裡頭，卻是一道更長的隊伍在等待我們。

「咚──」

新年的鐘聲就從遙遠的知恩院深處微微的傳來，就在一個什麼都沒看到的狀態之下，迎接了二〇一三的新年。

雖然沒有趕上知恩院木門關上的那刻，也沒有親眼見識到一〇八下的敲鐘，但是一群好友聚在一起，還是非常開心呀！最後，大家用手機螢幕畫出二〇一三和 Kyoto 等字樣，笑瞇瞇地迎接新年。

青蓮院還有個驚險的地方，就是清晨十二點四十五分後，大門就會深鎖，一直到隔天早上才會打開！如果想要親眼看到青蓮院的敲鐘，看完就要等到天亮才能出來。

既然被關在門也無計可施，就做些讓自己開心的事吧！

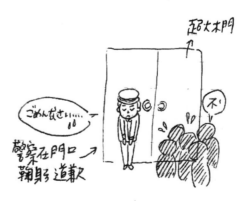

Happy New Year! 2013
四1個人用手札
要出2013 (我拍照)

少男女們新年的第一個大事，搶購福袋！

對於台灣人來說，百貨公司的週年慶、或者是母親節優惠等等都是大採購的季節。那麼在日本，正月初一的福袋搶購，絕對是一個不可錯過的購物時機。

福袋通常都是在新年期間販售，從十二月開始，各家百貨公司或是專櫃就會釋出福袋的資訊，網路上也會有相關的消息，實際上的販售從一月一日到五日陸陸續續都有，不過最集中的日期還是在前一兩天，每間專櫃的販售時間也會有所不同，更會在不同天推出不同組合的福袋。

新年第一天，大夥早起去參拜，所以搶購福袋的行程就順延至一月二日。住的旅館附近剛好就有好幾間百貨公司，事先逛了逛，找好自己想要的品牌，這天一早，決定來跟日本人一起瘋福袋。

我們選的是日本知名連鎖百貨公司「大丸」，也因為搶購福袋的活動，所以大丸提早營業，九點半就開門了。本想説提早半小時抵達即可，沒想到九點整一到，大丸門口卻已經大排長龍！不過，畢竟日本人是有秩序出名的民族，大家興奮歸興奮，卻都還是乖乖地照著排隊路線，安安靜靜地等待。

九點半一到，警衛準時為搶購福袋的客人敞開大門，沒想到門一開，本來安靜的日本人也微微騷動了起來，開始加快腳步向各個櫃位移動，不過還是很有秩序，沒有人插隊也沒有人推擠，真的是了不起啊！

由於我們的組合是四女一男，唯一的少男被迫與少女們分離，一人到男生樓層去逛逛，應該説是少女們只想快點拋下少男自己去逛街，我們這群喜孜孜的少女，到了少女服飾樓層更是開心到不行！在台灣總是賣得很貴的日貨品牌，有了福袋光環的加持，每間專櫃彷彿都在閃閃發光。

店員也進入叫賣模式！福袋的款式當然是無法挑選，不過每間店家透漏的程度也有所不同，像是 Earth 的福袋幾乎是完全保密，但有的店家會告訴你裡面是哪幾種類型的衣服搭配，也供消費者參考參考。

gelato pique 是日本少女為之風靡的甜美品牌，賣的多半是可愛而舒適的家居服！本來想要搶購他們的福袋，速度卻完全不及這些日本女孩們。

剛剛也說了，日本人雖然已經進入血拼模式，但還是非常守規矩的排隊，連拿福袋的號碼牌也不例外！由於我們手腳有點慢，其中幾間店的福袋名額瞬間就沒了，眼看大家想買的品牌不同，於是決定分批行動！

我的目標，則是在台灣也很有名的 Earth，還有另外一間有點法式風情的 Par Avion！一個 5000 日圓，另外一袋則是一萬日圓，乍看之下有點小貴，但是裡頭的衣服可說是超值到不行！

Earth 走的是有點森林系的少女風，Par Avion 的價格雖然較高，但是裡面包含了一件超保暖的大衣，還有好幾件暖和的冬裝和毛衣！除了自己想穿的衣服以外，其他不穿的也可以拿來送給媽媽或是姐姐妹妹，多棒啊！

福袋雖然有點失血，卻是大大的滿足！就算不買福袋，店內的其他衣服多半在正月初也有折扣，只能說日本的新年，真是一個失心瘋的好季節呀！

不只百貨公司，連體育用品店也有推出福袋，生意更是好到不行！

我的戰利品！滿滿的兩大包福袋，讓我一度擔心行李超重啊！

2013.1.2, Day 15
今天一早先趕去Hostel
旁的大丸，買福袋！！！
大概9點半就可以
進去了，日本人果然还
是很有秩序的！

買了一個Earth的福
袋，还有一個Par Avion
的日牌，失心瘋啊！！！

和奈良小鹿們一起當森林系少女

搭了半個多小時的 JR，我們終於抵達了鹿之城「奈良」。從車站慢慢步行到公園，沿路可以看到各種鹿的紀念品店與聯名商品。

不久後，馬上看到了二、三隻鹿出沒！之前，我們曾在宮島看到不少囂張的鹿，沒想到奈良的更跩，有一隻還跳到車前站著不走，完全無視路人的經過呢！

「給我！給我！」

話說，大夥還沒買好鹿仙貝的時候，是一隻鹿「帶引」我們去的。我們跟婆婆買仙貝的時候，那隻鹿還在旁邊等我們，是有沒有這麼聰明，這麼想要吃仙貝啦！

「咬人、踢人、頂人、衝撞人」

告示牌上面有著插圖和各國語言的警告標誌，這些，絕對不是開玩笑。在奈良，鹿，就是老大。

4 來到這裡必看必做必去

陽光從樹林中灑落下來，整片森林看起來如夢似幻。姑且不
論這些貪吃的鹿，其實拍起照，就好像故事書裡面出現的美
景一樣，下一秒可能就會有森林精靈出現。

奈良公園一旁的森林、寺廟旁、馬路人行道。這些，通通都
是奈良鹿的地盤。奈良鹿有著水汪汪的大眼，帶點療癒感的
可愛雙耳，修長而優雅的雙腿，尤其是看到遊客手上的鹿仙
貝，牠們更會非常可愛的向前靠近來討食！

但是，在奈良鹿的眼中，十歲以下的小朋友可能就是敵人了。在準備離開的時候，發現有個小男孩因為想要靠近牠們而被衝撞；還有個小女孩為了躲避追逐的鹿群，還跳過一條小河，我不禁替這些小孩子緊張擔心。難不成奈良的鹿要衝業績？攻擊力也太強了吧！

在森林裡和小鹿們嘻嘻哈哈，拍了許多唯美而夢幻的照片，幻想著自己是和小鹿們一起生活的森林系少女……，妄想過後，我們來到公園，在晴朗的好天氣下閒晃。

大叔們一邊大喊，一邊以極快的節奏在搗麻糬。和鹿群玩累了，可以到奈良商店街逛逛街，吃吃東西，也可以看到上百種奈良鹿的相關食物和伴手禮！

坐草莓火車去看貓咪站長

日本人愛貓成痴，像我這種忠實的貓咪擁護者，每次都會被日本人推出的貓咪商品或周邊所擄獲。而貴志川線的終點站，貴志站，則是愛貓人一定要來訪的地方，因為這裡的貓咪站長「小玉」，可是日本鐵路的第一位貓咪站長。

要到貴志站，必須先搭車到和歌山站，再轉私鐵。雖然有一點點麻煩，但是轉車的過程中卻有著許多小驚喜，因為開往貴志的其中幾班列車，上頭可是充滿了貴志的特產「草莓」。

搭著草莓列車去看貓咪站長，這樣的組合實在是太可愛又夢幻了！這裡吸引了許多鐵道迷、愛貓的遊客，還有許多爸爸媽媽帶著小朋友，就為了一睹草莓列車，和小玉站長的風采。

到達和歌山站後，就可以看見許多小玉的圖片，地面上還有許多橘色的貓咪掌印，沿著可愛的小肉球，就可以到達轉車的月台。這天天氣晴朗，草莓列車行駛過的不再是擁擠的城市景象，而是一片片的田園風光，看了心情就雀躍了起來。

一出車站，小玉、小玉、小玉，到處都可以看到卡通版小玉的蹤跡，當然也少不了紀念章和商品部，甚至還有小玉站長的紀念館！車站的屋頂，還是貓咪的形狀。

據說設計師因為相信貓咪具有靈氣，可以避邪，所以藉著小玉的外表來作成貓咪的樣子。其實，貴志線曾經陷入要廢棄的危機，在小玉站長上任後，貴志就像被賦予了新的生命一樣，從外地來遊玩的人們越來越多，成為日本的一個溫馨可愛的代表性景點。

重點是小玉本尊呢？圓圓胖胖的小玉，因為年事已高，所以正在玻璃櫃裡頭休息，旁邊放的正是牠的站長帽。但是小玉從前可是非常活躍的，除了迎接乘客和宣傳工作外，有時候還有貓咪站長助理會輪流到日本各地出差。

二〇〇八年，小玉還獲得和歌山縣知事頒發的「和歌山縣功勳爵士」的榮耀！小玉不只是個人魅力和風采迷倒大家，也是非常盡責的貓站長，辛苦你了，小玉！

連座椅都是小玉的顏色。

LESSON6 | 超簡單的彩色鉛筆插圖

常有人說不會畫畫怎麼辦,其實,最簡單的畫畫就是「照著描」!先從簡單的小物件著手,再來學習動物、人物。沒有框線的彩色鉛筆插畫,也就是「沒骨畫法」,可比想像中容易多了,一起來畫畫看吧!

1 很有「氣質」的色鉛筆手繪

用填色的畫法取代描邊,
會讓插畫變得更有氣質。

2 仿古紅柄剪刀

❷ 加重外框。

❹ 再描出把柄的形狀。

❶ 先用黑色色鉛筆輕輕描出剪刀。

❸ 用橡皮擦輕輕擦過。

❺ 加重條紋色塊,完成啦!

有點害羞的小貓咪

❶ 從耳朵開始畫起！

❹ 幫貓咪加上眼睛。

❸ 貓咪的橘色部分也可以
混一些黃色，讓顏色看起來
更加豐富。

❷ 如果擔心沒有輪廓線不好
畫的話，也可以先用相近色系
淡淡的描邊。

❺ 完成！

穿著和服的少女

❶ 從女孩臉部的肌膚開始
上色。

❸ 慢慢的畫出和服上
的小花紋還有裝飾。

❹ 幫女孩加上頭髮。

❺ 完成！

❷ 先用相近色系淡淡的
描邊，先將和服的外圍畫
出來，再依照順序上色。

一個人旅行

一輩子一定要去一次的，自助旅行

啟程前，我們幾個好友一直笑説這是「分開旅行」（背景音樂請播放劉若英與黃立行合唱的那首）；分開旅行結束後，從一個人的旅行，又變成一群好朋友鬧哄哄的旅行。

一個人的旅行似乎沒有想像中寂寞，反而覺得自己不僅成長了，也變得更加厲害。雖然變得很容易自言自語，應該説是會默默的碎碎唸，因為一個人嘛。

沒有好朋友在身旁和你交換意見與想法，但是每天的日記卻變得更加豐富。偶爾，會有點寂寞，卻因為一個人行動而讓當地人更加關心，進而在途中認識新朋友，當然還是要注意安全啦！

出發前擔心自己的路痴基因，深怕會在陌生的國度迷路而無法回家，但是沒想到旅行中偶發的小意外，卻因此而遇到許多親切而友善的貴人拔刀相助。

一個人旅行可以了解自己的缺點，例如我真的是沒有方向感可言，但卻也能夠和自己好好相處、對話，發現自己更多的優點。

很想讚美自己「原來你也可以這麼獨立！」沒想到自己可以拉著這麼重的行李，上山下海；也沒想到自己原來很會和外國人聊天，沒想到自己其實也可以準時起床。

一個人旅行結束後，更讓我確信，這樣的旅行還會繼續的！

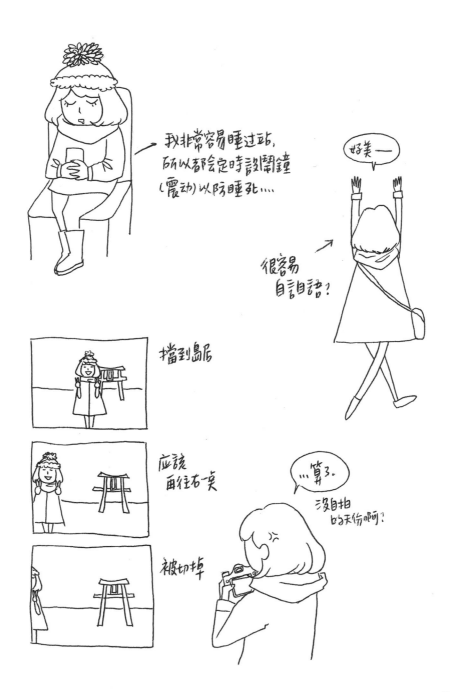

旅途中的行進

省荷包的機酒自由行

廉價航空初體驗，粉嫩的樂桃航空！

廉價航空對於台灣人來說，應該已經不陌生了。除了樂桃航空以外，像是酷航、捷星航空，也有越來越多的航線開飛，對於想要節省旅費的旅人來說，真的是一大福音、絕佳選擇。

這次我搭乘的「PEACH(樂桃航空)」，在日本已經是個大家所熟悉的廉價航空。不只在日本國內的班機便宜，現在還有從日本各大城市直飛其他地方，像是首爾之類，聽日本友人說，樂桃早就是日本年輕人旅行的首選之一。

在台灣主打的，則是桃園機場和關西空港的超便宜機票！我這次買的來回票價，含稅加上行李等費用，全部加起來才台幣 6000 元，實在是太便宜，太划算了。和平時買一般的機票價格相比，大概便宜了幾乎一半，是個做夢也會笑呵呵的價格啊！

PEACH

廉價航空初體驗!

欢迎搭乘!

桃紅色制服♡♡
加上機艙內也是
桃紅色的, 可愛極了!!
(空服員都好親切!)

帶著我的
紅色護照來, 出發!

超可愛!!

連機身也是桃紅色!
為了節省成本, 所以沒有空橋
(走一小段路。)

但也因為便宜的價格，所以出發前爸媽還一度擔心了一下，說：「那麼便宜真的安全嗎？」其實爸媽的擔心也是很多人對廉價航空的疑慮，不過廉價航空雖然廉價，但其實是把飛機上不一定需要的服務去除，可以壓低飛行的成本。

像是平時一定會供應的飛機餐，廉價航空就改成需要者付費，有點像是高鐵上的餐車一樣，想點食物或是飲料，再向空服人員點餐。

除此之外，廉價航空的座位也會比平常稍微擁擠一點點，將基本的飛行服務調整到最陽春的狀態。

不過，從台灣飛到日本的距離真的很短，兩三個小時的飛行時間我個人認為完全沒問題，其他的服務還是相當好，樂桃的空姐空少個個都是又正又帥又貼心，並不會因為是廉價航空，服務就跟著打折，依舊是服務超親切，讓我留下極好的印象！

重點是，這麼便宜的機票，廉價航空時不時又喜歡推出限時特價，讓人常常想要心一橫就刷卡買機票！第一次的搭乘初體驗，也讓我超級滿意。這樣優惠的價格，我想，以後一定還是會選擇廉價航空的。

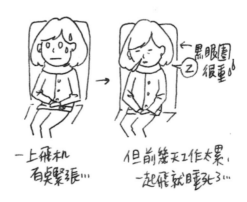

一上飛机
有点緊張……

但前幾天工作太累，
一起飛就睡死3……
黑眼圈很重

2012.12.19～2013.1.7

peach Boarding Pass 搭乘券 / 登機證

CHEN/YIHSIN

FROM TAIPEI
TO KANSAI

MM 0028 19DEC 1835

CLASS Y SEQ NO. 047

SEAT 11F

FFP NO. .

peach
BOARDING PASS

便名 Flight MM027

出発時刻 DepTime 15:55

OOKINI!!!

SECURITY CHEEK

機場過夜？還是來去網咖住一晚？

經過第一次開心的廉價航空初體驗後，接著，我又有下個緊張的初體驗了（心兒撲通跳啊！）

為了搶到便宜的廉價航空，我選了比較晚的班次，抵達日本時，也已經是晚上十點多的事情了。由於計畫隔天一大早搭六點半的新幹線離開大阪，前往廣島，於是，這次我毅然決定──我，要在機場過夜！

關西空港的設計非常乾淨明亮，尤其是第一航廈的位子更多，本想找個舒適的椅子安頓，卻發現機場大廳其實已經有很多人和我一樣，準備好要在機場過夜了！有的人甚至是準備周全，連棉被枕頭都帶好，準備進入夢鄉。

由於出發前也是匆匆忙忙，一出海關後我的肚子便超不爭氣地餓了。幸虧關西空港還有少許餐廳開著，我選了 suki 家，點了最愛的蔥花牛丼，飽餐一頓後，才正式展開我的過夜行程。

東晃西晃，這才發現關西空港其實有個高級的網咖 KIX Airport Lounge。要價其實並不便宜，但是衝著想要嘗試所有新奇體驗的一顆少女心，不顧身上重重的行李，決定去試個三小時。

 すき家的ねぎ玉牛丼，380円

うまいです

関西空港的大好←
明亮，WI-FI也蠻快
的，真感動★

24 小時 感動無限的機場
KIX
KANSAI INTERNATIONAL AIRPORT
關西國際機場指南

到機場大廳後，已經有很多人睡得東倒西
歪的了。

一進到這間身兼 Lounge 的網咖裡頭，才發現裡頭也不少在休息過夜的人。雖然三個小時，也要花上 1800 日圓，但是和旅館的費用比起來還算是划算，重點是想要在這裡過夜看看。

和工作人員 check in 過後，他們會給一張計時的收據，看自己想要在這裡待多久。裡面的裝潢簡約大方，整齊舒適，除了電腦可以隨意使用之外，還有 drink bar，超多種熱飲冷飲可以喝到飽。（而我則抱持著大嬸心態，喝了好幾杯玉米濃湯，後來一直跑廁所……）。最棒的是，KIX Airport Lounge 更提供了最新的報章雜誌，還有滿滿的漫畫！

不過，光是翻雜誌就讓人覺得物超所值。除了八卦和財經雜誌等，最棒的是，KIX Airport Lounge 提供超豐富的旅遊雜誌。各個城市，各種主題的旅遊雜誌，一應俱全，在這裡小憩的同時，還可以順便翻翻雜誌做做旅行前的小功課，超不錯的！

也因為雜誌太過於好看，導致我這三個小時也沒睡到覺，喝喝飲料，翻翻書，不知不覺也快要天亮了……，是時候該離開網咖，拉著行李箱，準備離開關西空港，前往車站搭乘新幹線啦！

日本的各種交通方式

暢遊日本的好幫手，JR Pass

對於想要在日本待上較長時間，又想跑遍許多城市的人來說，JR Pass 是個超棒的選擇。

日本的 JR Pass 有很多種，因為地區的緣故，我選擇價格稍微貴一些、但是使用範圍更大的「山陽 Sanyo Pass」。可以連續使用四天，四天內可以無限次使用 JR 之外，更可以不限次數搭新幹線！當然要努力地搭新幹線啦，畢竟平時單張很貴的。

飛達 Jr Pass
http://www.gobytrain.com.tw/japan/jrpass/jrfare.htmJr
http://www.westjr.co.jp/global/tc/

好用轉乘網站，Jourdan

Jourdan，是我這次最愛用的網站之一！可以輕鬆地查出每個站的轉乘方式，不同的交通工具、價位、地點都可以簡單的查到唷！只要在上面打勾的地方輸入你想要查詢的各個車站名稱就可以了，而且超多漢字，就算跟我日文一樣爛也不用擔心喔。

Jourdan 會幫你把想要去的交通方式一一列出，可以選擇最快的交通方式、或是最便宜的方式。這次因為轉乘次數較多，又是一個人，所以我把上面這個一段段列印出來，到時候可以直接交給 JR 的工作人員看，要買票或劃票都更方便。

在 JR 車站可以看到
穿著制服的女警們

在寒風中，
穿著大衣的 JR 車站
工作人員！

Jourdan
http://www.jorudan.co.jp/index.html

147

在京都就要搭公車！

京都公車路線種類多，對自助旅行的人可說是超便利！

可以在車站或是巴士服務處，購買巴士專用的一日乘車卡（500 日圓），或是其他的一日、兩日乘車券。

騎著腳踏車當個在地人吧！

在日本騎腳踏車，絕對是最能體驗當地人生活的交通方式！

在京都時租腳踏車，一天不用花到 1000 日圓（依照不同車種有不同的價位）加上京都的街道是棋盤格狀，既適合步行和認路，也非常適合悠閒的騎腳踏車。

腳踏車租借處。

激安高速巴士到飛驒高山

此外，這次有個比較特別的交通，是從大阪到飛驒高山的車程。當初為了這段煩惱不已，因為其實並不太順路，加上距離也遠。但是，因為行程中還有一些空檔，加上我實在太嚮往合掌村的白雪美景，於是就決定衝啦！

最後決定在網路上訂購樂天的巴士，和其他交通方式比起來便宜許多，網路上就可完成手續也相當方便。

除此之外，樂天也可以查詢住宿、或是其他旅遊資訊。是個查詢旅館評價的好去處。

樂天
http://travel.rakuten.co.jp/

LESSON 7 | 我的最強旅人手帳

在準備行程時，手帳可是扮演著舉足輕重的角色，它可以幫你把不少小東西記錄下來，包括地鐵路線、時程表、票根，抑或是旅途中會碰到的問題，這些瑣碎的紀錄能讓資訊更清晰，也能成為手帳中的美麗篇幅，讓旅遊更充實。

1 將要帶的東西列個清單吧！

在必需品清單前加上方塊，將準備好的物品打勾。

2 一本手帳怎麼夠用

許多品牌都有賣這種狹長型的筆記補充本，像是號稱旅遊手帳專用的 TN Traveler's notebook、務實型 Moleskine……等，或是經濟實惠的 Muji 筆記本，牛皮紙色的封皮很有質感。

3 自問自答的手帳法

喜歡做筆記的人，一定有「把問題寫下來」的習慣。將常用日語用空格式問句記錄下來，屆時就能在旅途中發揮作用啦！

4 自製旅遊工具書

將從雜誌上剪的店家介紹、必備的地圖或列印下來的地鐵指引一併整理，黏貼在手帳中，既不怕遺失，又能利用空白處增加筆記，做出一本實用性高的隨行書。

5 利用紙膠帶做月曆

若是旅程時間較長，最好能製作一張時間表。利用插圖和照片標示旅程中的特點，簡單又有趣的月曆，就能將旅程紀事完整呈現！

結語……

二十天的旅行中，我依然保持著天天記錄的習慣！

在旅行的日子裡，即使只是記下流水帳也很有樂趣，也因為自己是個健忘的人，更不想讓這段開心的回憶隨著時間消失。

寫手帳是一件非常沒有壓力，而且快樂的事情。

我喜歡在睡覺前寫手帳，因為是記憶最深刻的時候，有時候等待旅伴洗澡還無法入睡的那段時間也很適合剪剪貼貼。

我喜歡和朋友們一起寫手帳，尤其是互相交換彼此收集來的廣告和票根，還有提醒和補充一些有趣的小細節！如果可以配上一些零食和飲料，一邊聊天一邊寫日記，絕對是旅程中最美好的回憶之一啦！

我也喜歡在火車上，電車上寫手帳。日本的交通工具多半都
蠻穩的，位子更是乾淨又舒適，所以我非常享受在行進中書
寫的感覺。看著窗外飛逝的風景，總覺得想寫的東西，想畫
圖的靈感又更多一些。

這些城市們或許已經有數不清的遊客來訪過，但是，在途中
寫下的日記，隨著旅程結束回到家，這些記憶也可以完完整
整的保存下來，是獨一無二，無可取代的超棒回憶。

タやけカフェ

尾道 玉嵐
囲炉裏實屋
ONOMICHI GYOKUSEN

歳目を越えて生きつづける
合掌づくり

飛騨 高山

J-Hoppers
Cross-cultural hostels for
J-Hoppers Hida Takayama
http://takayama.j-hoppers.com
takayama@j-hoppers.com
Tel : 0577-32-3278
Fax : 0577-62-9662

オムライスの店
Restaurant
北極星
心斎橋本店

餃子の王将

大阪城天守閣観覧記念
OSAKA CASTLE MUSEUM

STANDARD BOOK STORE
Book / Magazine
Stationery
Zakka / Watch
Café

初天神 商店街
Tsuyuno Tenjinsha
Shrine
露天神社

welcome home!
chihiro kawata haruco Exhibition
吃完章魚燒，閒晃到露天神社，簡單參拜
一下：可以畫臉的繪馬超級可愛
中午在曾根崎的商店街吃拉麵！
然後在中崎町的小巷弄中閒晃
這里有很多小店，像是雜貨店，服飾店，
古著店，書店等。唯一的缺點就是天氣不好，
不然在這里散步很棒！
有間店是以小時計費，可以進去和兔子玩，除此以外什麼都沒有!?
（奇妙的店……）
小蛇是奶油！
下午去了"太陽ノ塔"吃下午茶，点了一个限定ケーキ，
草莓口味！非~常好吃！
白巧克力！
酥皮！
草莓慕斯
GREEN WEST
接著回到心齋橋，找尋LOFT，
但是竟然在維修（或關了!?），只好回旅館
先Check-in，然後吃"鶴橋風月"的大阪燒!!!
邊吃邊討論台灣早餐店老闆娘的鐵板
用法（?）然後去書店，書店真的太好逛了啦！

TRULY USED
LADURÉE

大阪 540
京都水族館へは便利な市バスで!

ちりめん細工館
地主神社

Fuji Hostel 很迷你，只有單人房跟四人一間，一開老闆才知道，今晚住的又有我一個人（驚）不想一個人睡啊啊啊啊 希望等等突然有人投宿 please.

最好徙勞，到對面的「朱華園」吃了叉燒麵好像是台灣人開的，蠻好吃，但就是比較台味這樣。期待改天的ロープウェイ

（蓋又蓋走又好又當成理財 KEY）

就在 hostel 附近，但當我準備買票時...才發現在整修!!!（哭）14～21，明天才開放 → 本來想走上山，但上山的車道看起來好複雜(!)就放棄了，所以，走路時默默起意，倒去實踐!!!

搭了一小時的JR，抵達尾道。本來就是陰天，下車後竟然開始下雨，超念(!!)束手無策，只好去夢迴的 LOFT，但沒夢迴...還是別比太早買啊，去大阪再買好了（屈耐）

DISCOVER WEST / Fuji Hostel

尾道電影院的的DM，也太可愛!

シネマ尾道
シネマ手帖第45号
PICK UP

從會議站走到美觀地區大概10-15分，走到時，雨更大了，簡單晃了一圈就走了，拜託明天是晴天! 晴天的美觀一定超美的啦!!! 老天爺請給我晴天～！

現在又坐了1小時JR回尾道，不得不說今天的JR夏天的大暖手服，閘邊的暖氣太優秀了啊! 最高!!!

鐵飯糰 →
柯南之旅
印章!

太陽ノ塔
GREEN WEST
2013年1月11日リニューアルオープン

THE POST OFFICE SH...

長揖家
人間券

觀覧車搭乗券
360° WIDE VIEW

はと気がつくおかしい時、だいすぎだったこどものころ

ゆ あわの湯
いろんなお店があたり湯たっぷりの湯

02

12.24.2012. Day 6

大阪 → 飛驒高山 Osaka → Hida Takayama!

★ 今天有順利起床，太棒了!!! 揹著行李來到新大阪
站,找到巴士候車…發現周圍都是情侶!!! 差點忘了
是聖誕節!!特這5小時的巴士,中途停靠休息站,已經
可以看見厚厚的積雪!!起一興奮☃
23年第一次看到雪,期待控冰,太美了!(>▽<)

★ 抵達高山後,先把行李放好,到飯店(也沒開!!!)
閒晃一番,先吃了「牛多子」的飛驒牛肉串,超~
美味。飛驒的聖誕氣氛很好,沒有太華麗
的燈飾,但很多各種植物在街上走,非常次
樂又有趣,看到很多大人小朋同堂開心
的合照,也是一種溫馨的過節
　　　方式。

→一人玄泡湯↓

I love
Hida-Beef!

ね�e！
偷的吉祥物！

バス
中途停靠
的高原,超新鮮
超~好看!!!

晚上和同廠的室友Jinny
一起去吃了拉麵,我吃飛
驒牛丼,吃完還一起買3千
排回Hostel 前,配上桃花
子酒,還和一個澳洲伯
伯聊天,很有趣☺

試吃串團糰↓
（自由行↑）

晚上在逛買啦！

串だんご
たれ
3本入
消費期限
12.12.24
FD
YNA
名産飛驒牛
本場の味 明丸明
MARUAKI
飛驒高山店

還好的→
陣屋

No 375600
国史跡 高山陣屋
The National Historic Site TAKAYAMA JINYA
高山陣屋入場券／大人 420円

幸好今天天氣好多了,雖然不是大晴天,但可以看
到藍天心 觀光客也好多,都是日本人居多。
美觀地區很美,但買的東西貴以外,也不太能
扛回去(酒,陶瓷之類)
正當我想隨便逛一圈好好拍的時,突然,誤打誤
撞的看到倉敷美觀的店面!!
裡面的東西都好醜~誘人,紙膠帶擺起來也很美,
隨便一角落都好像雜誌般的!!!

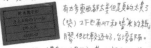

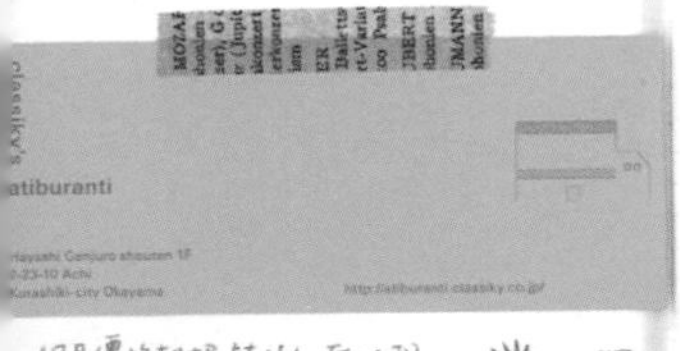

但是價格都超過台幣人的,所以我
買了開裏標的小貼紙而已 →

有太多東西都太美真的太貴了
(袋) 工不用怀!和壁米的紙
膠但比較好的,台灣哪有
但一樓買的太是我的愛,好想在那工作
或結婚!!!
(>ω<)

川舟乗船券 領収証 No 011933
¥ 300-
（消費税を含む）
16 時 30分発 乗船日 □名様2
※乗船する時に船頭にお見せ下さい
公益社団法人倉敷観光コンベンションビューロー

本未沒有打算要坐的的,但我總覺得不坐會後悔,
而且天氣真好,雲新新亮眼,所以還是搭了!
基本上就是橫著河川一大圈,船夫伯伯會介紹划
船的這個點,但是,我完全聽不懂!!!頂多聽小童
馬是幾年,其他就是縣到後面的女生不斷所
的"え~え~"而已……し還面 すごい!効到!
雖然聽不懂,但所聽著週的景致也是一件很享
受的事情,而且天氣太美,就很慶幸還是搭倉敷感也
新吧!!!

→可愛又親切
的船伯公 ☺

あやゆ～

（在江上划船
的帥哥伯心
拉我）

京都 都路里

Dinner, 吃到傳捷時的
"極裏屋", 不錯生!!

〔在那三則去了
稲荷神社〕

権兵衛

STRAWBERRIES

這天行程更忙碌了, 好趕著補寫!!

一開始空的街道, 直到抵達八坂神社,
人頭鑽動意外熱鬧, 超級誇張!
神社的權捷是很像台幣的紙幣:
還排隊幅3個化達的酒: 投了自己的香
油錢, 住持念佛一長兩, 很有感覺。

接著, 到知恩院, 要聽108下
的除夕鐘聲! 排隊隊伍還在延一長, 排3
一陣子, 才發現大家在剪劇情好像是大門
要關上, 來年再剪? 還是未不及!!
門就在我們眼前關上……。

依這見好和大家一起,
移動, 剛要回的肯蓮
院, 3末不在, 走3大門
還得地坡排隊……在最高妙的狀態
五中踱3年!!! 還還玩 "PPP、KKK, 大家來
PK呀, 十幾未達禱呀, 調理電台~"
玩得不亦樂乎 X.D 不痛的哈?
雖然沒看到鐘聲敲到新年, 也沒有趕上大門,
但和大家一起未代很開心!!! 新年快樂!!

Happy New Year!

2013
回億人用手机
更完ㄧㄥ3 (羽生結弦)

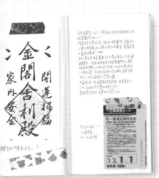

◉高寶書版集團
gobooks.com.tw

手帳控的
關西小旅行

作　　　者	疊搵
書系主編	蘇芳毓
編　　　輯	孫之甯
美術編輯	陳慧欣
校　　　對	黃芷琳
出版者	英屬維京群島商高寶國際有限公司台灣分公司
	Global Group Holding, Ltd.
聯絡地址	台北市內湖區洲子街 88 號 3 樓
網　　　址	gobooks.com.tw
電　　　話	(02) 27992788
E-mail	regards@gobooks.com.tw（讀者服務部）
	pr@gobooks.com.tw（公關諮詢部）
電　　　傳	出版部 (02) 2799-0909　行銷部 (02) 27993088
郵政劃撥	19394552
戶　　　名	英屬維京群島商高寶國際有限公司台灣分公司
發　　　行	希代多媒體書版股份有限公司 /Printed in Taiwan
初版日期	2013 年 12 月

國家圖書館出版品預行編目 (CIP) 資料

手帳控的關西小旅行 / 疊搵作 . -- 初版 . --
臺北市：高寶國際，2013.12
　　面；　公分
ISBN 978-986-185-928-6(平裝)

1. 遊記 2. 日本關西

731.759　　　　　　　　　　102020604

櫻花牌

筆格邁筆
SAKURA PIGMA PEN

防水、防褪色、耐光性佳
適用於無酸環境、無毒
墨水不透過大部分紙張
墨水乾後不暈染

— 適用於 —

描線、插畫、漫畫、原稿創作
製圖、Zentangle、剪貼簿
橡皮圖章製作

PIGMA brush®

筆格邁彩繪軟毛筆 毛筆刷式筆頭

PIGMA micron®

筆格邁代針筆 筆針式筆頭

Zentangle 繪畫

Zentangle是一種利用不斷重複的簡單圖案,而創造出
來的藝術圖像。不需要特別技巧及昂貴用品,任何人
皆能上手的繪畫藝術,並藉由Zentangle培養專注力,
能放鬆心情與紓解壓力,甚至幫助睡眠。Zentangle的
驚喜來自於,無法預測畫作最後的樣貌,因此每個人
都能從中發揮自我創造力及發現無限的樂趣。
SAKURA Pigma Micron代針筆,防水且防褪色,被
Zentangle公司推薦為最適合畫Zentangle的用筆。